Isabella Schlehaider

Tausend Subjekte

Der radikal pluralistische Subjektbegriff
im kritischen Posthumanismus und bei A. N. Whitehead

Isabella Schlehaider

TAUSEND SUBJEKTE

Der radikal pluralistische Subjektbegriff im kritischen Posthumanismus und bei A. N. Whitehead

ibidem
Verlag

Bibliografische Information der Deutschen Nationalbibliothek
Die Deutsche Nationalbibliothek verzeichnet diese Publikation in der Deutschen Nationalbibliografie; detaillierte bibliografische Daten sind im Internet über http://dnb.d-nb.de abrufbar.

Bibliographic information published by the Deutsche Nationalbibliothek
Die Deutsche Nationalbibliothek lists this publication in the Deutsche Nationalbibliografie; detailed bibliographic data are available in the Internet at http://dnb.d-nb.de.

Coverabbildung: Illustration 120619734 © Studiom1 | Dreamstime.com

ISBN-13: 978-3-8382-1415-3

Printed in the EU

Für meine Nichten

Inhalt

1. Hinführung

»[P]hilosophy should be an effort to
go beyond the human state.«
Henri Bergson (2007: 209)

›Die Natur schlägt zurück‹ – so oder so ähnlich lässt sich spätestens seit der durch das SARS-CoV-2-Virus ausgelöste Pandemie die allgemeine Losung nicht nur in Öko-Dystopien und Climate-Fiction, sondern auch in den Feuilletons und Nachrichten zusammenfassen. Denn seit der Klimawandel nicht mehr nur in den Ländern des sogenannten Globalen Südens Halt macht, sondern eine unmittelbare Bedrohung für die Zentren des Globalen Nordens und den globalen Kapitalismus darstellt (sei es durch Dürren oder Klimaflüchtende), ist die einst vorwiegend in Fachkreisen und den Ökologiebewegungen ab den 1960er Jahren diskutierte Frage nach dem falschen beziehungsweise richtigen Umgang *des* Menschen mit *der* Natur in die Mitte der westlichen Gesellschaften gerückt – man denke nur an die *Fridays-for-Future-*, die *Extinction-Rebellion-*Bewegung oder auch den *Green New Deal*, eine im Sinne des sogenannten *green capitalism* lancierte ökologische Wende innerhalb der Industriegesellschaften. Denn, so die mittlerweile weithin geteilte Überzeugung weit über die Fachwelt hinaus, die rasante Erhitzung der Erde, neue Ausmaße erreichende Naturkatastrophen und das steigende Risiko für Epidemien und Pandemien hingen maßgeblich davon ab, wie Menschen mit Tieren und Ökosystemen umgehen. Derart ist auch die bis vor Kurzem in erster Linie wissenschaftlich geführte Debatte um den Begriff des Anthropozäns, d.h. der Frage, ob ›wir uns‹ in einem geologischen Zeitalter befinden, in dem *die* Menschheit der größte geophysikalische Faktor auf dem Planeten Erde ist,[1] unverhofft in die breite Öffentlichkeit übergeschwappt.

1 Vgl. zur Kritik des Anthropozän-Begriffs Kap. 2.

Spätestens mit dem Ausbruch der Pandemie ist also offenkundig geworden, dass das, was gemeinhin unter Natur verstanden wird, eine nicht weiter zu ignorierende Akteurin auf dem Weltmarkt der Kräfte darstellt. Dass ein Virus ganze Länder vor den Ruin zu stellen und den globalen Kapitalismus in eine seiner tiefsten Krisen zu stürzen vermag, verdeutlicht einmal mehr die besondere Aktualität kritisch posthumanistischer, neomaterialistischer Theoriebildung und der Philosophie Alfred North Whiteheads. Denn eine politische Ökologie, soll sie Natur weder reifizieren noch Lebensräume komplett zerstören, kann die Sphären Gesellschaft und ›materielle Natur‹ nicht länger als getrennte behandeln. In diesem Sinne nehmen beide Ansätze in Übereinstimmung mit den jeweils neuesten naturwissenschaftlichen Erkenntnissen eine radikale Neubestimmung von Natur und Materie vor. Statt Materie als immer schon passiv und ontologisch primär zu verstehen, zeichnen sich diese Ansätze dadurch aus, Körper, Dinge, Objekte, ja Materie selbst als prozesshaft und relational zu begreifen und ihr auf diese Weise Wirkmächtigkeit und Eigensinnigkeit zuzusprechen. Die materielle Natur erweist sich so als aktiv an der (Re-)Produktion der Welt beteiligt. Hierdurch haben diese Ansätze in den letzten Jahren nicht nur dazu beigetragen, hegemoniale Konzeptionen des Verhältnisses von Natur und Gesellschaft in Frage zu stellen, sondern ebenso dazu, zentrale philosophische und ebenso politisch-soziologische Kategorien und Konzepte wie Handlungsfähigkeit, Gesellschaftlichkeit, Subjektivität und Objektivität produktiv zu irritieren. Indem auf diese Weise Begriffe wie Akteur*innenschaft und Subjektivität aus ihrer bewusstseinsphilosophisch-anthropozentrischen Verengung gelöst werden, eröffnet sich ein theoretischer Raum, der nicht nur einen Ausweg aus der Kultur-Natur- beziehungsweise Materie-Geist-Dichotomie zu weisen vermag, sondern darüber hinaus das Potential birgt, den Grundstein für eine politische Ökologie jenseits eines romantisierenden, letztlich verdinglichenden Naturschutzes zu legen.

Hierfür die Philosophie des 1861 geborenen Alfred North Whiteheads, der vor allem auch für das gemeinsam mit Bertrand Russell verfasste dreibändige mathematische Grundlagenwerk

Principia Mathematica (1910–1913) bekannt ist, mit kritisch posthumanistischem Denken zu verschränken, mag auf den ersten Blick abwegig erscheinen. Spätestens seit den 2000er Jahren jedoch stellt Whiteheads originelles Begriffsuniversum speziell für kritisch posthumanistische Denker*innen wie Donna Haraway, Bruno Latour oder Isabelle Stengers eine Fundgrube für die eigene theoretische Arbeit dar.[2] Denn einerseits fordert Whitehead ganz im Sinne des *kritisch-dekonstruktivistischen* wie *historisch-materialistischen* Einsatzes kritischer Posthumanismen grundlegende, zutiefst problematische und vor allem implizite – d.h. auch theoretisch nicht fundierte – Voraussetzungen und Gewissheiten des modernen, humanistischen[3] Denkens fundamental heraus. Und zum anderen entwickelt er im Zuge seiner Kritik an der vom Dualismus geprägten modernen Denkweise eine Philosophie, die im Sinne kritischer Posthumanismen explizit darauf abhebt, »normalisierte Kategorien zu durch/kreuzen« (Haraway 1994: 60).[4] Dem normalisierten, modernen Subjektbegriff stellt Whitehead daher ein radikal anderes und das heißt *pluralistisches, relational-prozessuales, nicht-anthropozentrisches* wie *situiertes* Verständnis von Subjektivität entgegen. Sowohl Whitehead als auch kritische Posthumanismen argumentieren in Abgrenzung zur klassisch-substantiellen Subjektauffassung für einen Subjektbegriff, welcher nicht mehr auf essentielle Wesensmerkmale, sondern auf Relationalität, Ko-Konstitution und Prozessualität fokussiert und damit ebenso einer Fixierung von Subjektivität entgegenwirkt. Whitehead und kritische Posthumanismen wenden sich dementsprechend auch gegen die humanistisch-eurozentrische Antithese Kultur/Natur beziehungsweise Geist/Materie. Stattdessen rücken sie die vielschichtige und komplexe Verwobenheit dieser scheinbar binären Kategorien ins Zentrum ihrer Analysen, so dass die Rede von Natur/Materie auf der einen und Kultur/Geist auf der anderen Seite hinfällig, vor allem aber problematisch wird. Unhaltbar

---

2 Vgl. ausführlicher hierzu Kap. 2.

3 Zur Rechtfertigung der verallgemeinernden wie synonymen Verwendung der Begriffe ›modern‹ und ›humanistisch‹ vgl. Kap. 2 und 4.

4 Bei allen aus dem Englischen ins Deutsche übertragenen Zitate handelt es sich um Eigenübersetzungen.

wird hiermit zugleich und nicht zuletzt die moderne Aufspaltung des Wissens in Geistes-, Kultur- und Sozialwissenschaften auf der einen und Naturwissenschaften auf der anderen Seite. Anstelle der klassischen *humanities* müssten im Sinne eines kritischen Posthumanismus als auch im Sinne Whiteheads daher kritische *posthumanities* treten.

Whiteheads Subjektbegriff und kritisch posthumanistische Theorien des Subjekts miteinander zu verschränken bedeutet, Whitehead aus der Perspektive kritisch posthumanistischer und damit *gegenwärtiger* Fragehorizonte und Problemstellungen zu lesen und in diesem Sinne auch die eigene Situierung und Geschichtlichkeit deutlich zu machen. Ein solches Lektüreverfahren kann im Anschluss an Trinh Minh-Ha, Donna Haraway und Karen Barad als ›*diffractive reading*‹ bezeichnet werden. ›Diffraktion‹ bedeutet ›Beugung‹ und bezeichnet ein physikalisches Phänomen, das auftritt, wenn sich Wellen überschneiden oder auf ein Hindernis treffen und ein von der ursprünglichen Wellenbewegung abweichendes Muster bilden. Als Metapher und Methode dient der Begriff der Diffraktion innerhalb feministischer Theoriebildung dazu, das Augenmerk auf die Unendlichkeit von Differenzen zu richten und diese als Ergebnis eines relationalen Gefüges aufzufassen, und nicht – wie der Gegenbegriff der Reflexion nahelegt – als das Andere des Einen.[5] Als jene »Produktion von Differenzmustern« (Haraway 1997: 34) steht Diffraktion für die Ablehnung jeglichen Identitäts- wie Repräsentationsdenkens und fungiert dahingehend als Metapher ebenso für die Situiertheit des Wissens.[6] Als Lektüreverfahren meint *diffractive reading* ein relationales und produktives Miteinanderlesen von unterschiedlichen Theorien, Denkweisen und Konzepten »through one another« (Barad 2007: 30) um diese sich gegenseitig informieren zu lassen und neue,

---

5 Vgl. dazu Barad: »*Crucially, diffraction attends to the relational nature of difference; it does not figure difference as either a matter of essence or as inconsequential.*« (Barad 2007: 72) Oder auch Haraway: »*A diffraction pattern does not map where differences appear, but rather maps where the* effects *of difference appear.*« (Haraway 2004: 70)

6 Zum Konzept des ›situierten Wissens‹ vgl. Haraways Essay *Situiertes Wissen* (1995: 73–97) sowie Kap. 2.

mitunter unvorhergesehene Einsichten zu gewinnen, ohne dabei jedoch wichtige Differenzen zu nivellieren. In diesem Sinne sucht *diffractive reading* einem polemischen Gegeneinanderlesen, einem Lesen ›against one another‹, das zu Hierarchisierungen zwischen Konzepten, Theorietraditionen und Denkweisen führt, zu entgehen. So mögen beispielsweise Stephen Shaviros Buch *Whithout Criteria* (2009) oder auch Melanie Sehgals Text *Diffractive Propositions: Reading Alfred North Whitehead with Donna Haraway and Karen Barad* (2014) als Beispiele für die Praxis des *diffractive reading* dienen, auch wenn sich ersterer des Begriffs nicht direkt bedient. Mit der Verschränkung von Whitehead und Deleuze geht, so Shaviro, die Absicht einher, diese sich gegenseitig erhellen zu lassen und neue Einsichten sowohl in das Denken beider als auch drüber hinaus zu gewinnen (Shaviro 2009: 13). Wie Shaviro sein Projekt als Experiment versteht, begreift sich auch das vorliegende als ein solches.

Im Rahmen der Hinführung zu einem nicht-anthropozentrischen, pluralistisch-relationalen wie prozessualen Verständnis von Subjektivität werden zunächst unterschiedliche Einsätze eines kritischen Posthumanismus vorgebracht sowie der Versuch unternommen, dessen Subjektauffassung herauszuschälen. Vertiefend wird im Anschluss daran Rosi Braidottis kritisch posthumanistisches »Projekt eines feministischen Nomadismus« diskutiert, mit dem sie den traditionell unitären Subjektbegriff zu dekonstruieren und zugleich eine posthumanistische, emanzipative »Politik der Affirmation« wie eine nachhaltige nomadische Ethik zu begründen sucht. In einem weiteren Schritt wird ausgeführt, was Whitehead allererst »zu denken zwingt« (Deleuze 1993: 80) und ihm zufolge die Revision des modernen Subjektbegriffs allererst erforderlich macht: Die historisch-systematische Konstellation der »Bifurkation der Natur«. Denn Whitehead zufolge basiert das moderne Subjektverständnis, das Subjektivität nicht nur allein an den Menschen bindet, sondern darüber hinaus a-relational, a-prozessual und unsituiert konzeptualisiert auf den impliziten Voraussetzungen einer verzweigten Natur. Abschließend wird die Whitehead'sche Rekonstruktion des Subjektbegriffs nachgezeichnet.

Mit diesem Buch soll nicht zuletzt der Versuch unternommen werden, die Möglichkeiten eines postanthropozentrischen Subjektbegriffs im Sinne Whiteheads und des kritischen Posthumanismus für ein posthumanistisches Verständnis von Natur und damit für eine tatsächlich *politische* Ökologie auszuloten.

2. Einsätze eines kritischen Posthumanismus

»Das am meisten belastende Erbe, das uns aus dem 19. Jahrhundert zufällt – und es ist höchste Zeit, uns dessen zu entledigen –, ist der Humanismus...«
Michel Foucault (1967: 63)

»Es gibt kein anthropologisches Substrat des Humanen, das wir wiederhaben können wollen, wir müssen uns ganz neu erfinden.«
Diederich Diederichsen (2012)

Für einen kritischen Posthumanismus

Die Debatte um Posthumanismus erlebt spätestens seit den 2000er Jahren eine Hochkonjunktur. Weil es sich allerdings bei dem, was weithin unter Posthumanismus subsumiert beziehungsweise mit diesem assoziiert wird, um kein einheitliches Feld, sondern um einen Komplex von Theorien handelt – so gesehen müsste richtigerweise von Posthumanism*en* gesprochen werden –, deren Intensionen und Implikationen tatsächlich oftmals gegenläufig sind, sind Begriffsverwirrungen und -verwerfungen vorprogrammiert.[7] So finden sich am einen Ende des posthumanistischen Spektrums transhumanistische beziehungsweise extroprianische Zukunftsvisionen[8], die eine permanente Optimierung oder Überwindung der *conditio humana* durch Wissenschaft und Technik (speziell durch Kybernetik, Nanotechnologie, Artificial Intelligence und Genomik) verfolgen. Jene naive Technophilie hat jedoch mit kritisch posthumanistischen Ansätzen am anderen Ende des Spektrums, die häufig als transhumanistische missverstanden beziehungsweise mit

7 Vgl. auch Giraud/Grove 2013; Haraway 2008 und 2006; Herbrechter 2009; Weber 2003a und 2003b; Wolfe 2010.

8 Der Begriff der Extropie soll den Gegensatz zu Entropie, populärwissenschaftlich ›Unordnung‹, bekunden und bedeutet so etwas wie ›zunehmende Ordnung‹. Der technische Fortschritt wird, so der Extroprianismus, Ordnung in die Unordnung der Welt bringen.

solchen gleichgesetzt werden, genauso wenig gemein, wie mit den technophoben, dystopischen *Brave New World* Phantasien eines Francis Fukuyama.[9] Denn eine allein technologisch verstandene posthumanistische Neukonfiguration beziehungsweise der unterkomplexe Technikbegriff, von dem diese Theorien Gebrauch machen, schreibt das humanistisch-anthropozentrische Paradigma, das ein kritischer Posthumanismus gerade zu hinterfragen sucht, lediglich fort. In einer nicht-anthropozentrischen Theorie der Technik hingegen ist diese keineswegs nur als neutrales Mittel für menschliche Zwecke, kulturelles Produkt oder aber als bloßer Spiegel beziehungsweise bloße Verdichtung gesellschaftlicher Macht- und Herrschaftsverhältnisse konzipiert. Vielmehr werden Gesellschaft/lichkeit (oder auch Humanität) und Technik als so grundlegend miteinander verwoben begriffen, dass diese als sich wechselseitig konstituierend verstanden werden.

Es sei hier nur angedeutet, dass in kritisch posthumanistischen Ansätzen Technik eine zentrale Rolle bei der Produktion von Sozialität und Gesellschaft einnimmt. Sozialität wird nicht als allein menschliches Vermögen oder Verdienst angesehen, sondern als ein sich permanent in Aushandlung befindender Prozess, an dem auch nicht-menschliche Akteur*innen, also auch technische Artefakte, aktiv teilhaben. Erheblich von Whiteheads nicht-anthropozentrischem Gesellschaftsbegriff inspiriert, fordert Bruno Latour denn auch, Technik als integralen Bestandteil von Gesellschaftstheorie zu behandeln. Mittels Technik, so Latour, werden die aus den Interaktionen zwischen menschlichen und nicht-menschlichen Akteur*innen entstehenden vielschichtigen und multiplen wie zunächst losen Verbindungen in längerfristige soziale Zusammenhänge gebracht, wodurch Gesellschaftlichkeit im

---

9 Aufgrund dieser breiten Anwendbarkeit beziehungsweise reaktionären Aneignung distanziert sich Donna Haraway in ihren jüngeren Schriften und Interviews (vgl. Haraway 2008 und 2006) vom Begriff des Posthumanismus. Für sie erweisen sich Figurationen oder, wie Haraway sie auch nennt, »chimärische Visionen« (Haraway 2008: 4), wie beispielsweise die der *companion species* als weniger leicht adaptierbar beziehungsweise anschlussfähig (vgl. Haraway 2003).

Sinne eines sozialen Gefüges überhaupt erst möglich wird. Dahingehend als »dauerhaft gemachte Gesellschaft« (Latour 2008) konzeptualisiert,[10] übernimmt Technik eine stabilisierende Funktion: Indem sich in ihr unterschiedliche Handlungen, Räumlichkeiten, Zeitlichkeiten und Politiken verbinden und verfestigen, fixiert sie bestimmte gesellschaftliche Verhältnisse für einen gewissen Zeitraum. Wenn damit Gesellschaft und der Mensch sowie deren Historizität eminent mit Technik zusammenhängen, drängt deren Trennung und damit ebenso die Aufspaltung zwischen aktiv handelndem Subjekt und passivem (technischen) Objekt auf eine Auflösung.[11] In starkem Gegensatz dazu, führt das implizite Technikverständnis des Transhumanismus, bei dem die zum reinen Mittel degradierte Technik stets das dem Menschen beziehungsweise der Gesellschaft Äußerliche, das Andere bleibt, zu einer Verschärfung der Polarisierungen. Ein kritischer Posthumanismus hingegen strebt weder die technologisch bedingte Überwindung des Menschen, also keine wirkliche – gefürchtete oder gepriesene – Posthumanität, kein Übel oder Heil bringendes ›Ende des Menschen‹ im wörtlichen Sinne an, noch bezweckt er ein unreflektiertes oder naiv fortschrittsgläubiges Zelebrieren der Bio-, Nano-, oder Informationstechnologien genauso wenig wie er diese abstrakt ablehnt.[12] Solche Theorien bleiben der humanistischen Anthropozentrik ebenso verhaftet wie der Transhumanismus:

---

10 Sehr wahrscheinlich denkt Latour bei der Annahme, Gesellschaft sei etwas ›dauerhaft Gemachtes‹ an Whitehead, insofern dieser den »eigentümliche[n] Charakter der Dauerhaftigkeit« (AI 367*) einer Gemeinschaft herausstellt (vgl. Kap. 5). Darüber hinaus zitiert er Whitehead, um seine Auffassung von Gesellschaft als selbsterhaltend zu untermauern (vgl. Latour 2005: 218, Fn. 301). Latour nutzt aber auch andere Whitehead'sche Begriffe für das eigene theoretische Projekt. So ›leiht‹ er sich, wie er schreibt, beispielsweise dessen *proposition*-Begriff, um »ein völlig neues Modell für die Relationen von Menschen und Nicht-Menschen zu etablieren« (Latour 1999a: 141).

11 Eine sehr gute Einführung in Latours Technikphilosophie findet sich jeweils in Barla/Steinschaden (2012) und Barla (2015).

12 Jürgen Habermas ist auf der Seite jener zu verorten, die eindringlich vor einem unwiederbringlichen Verlust der sakrosankt empfundenen ›menschliche Natur‹ durch die (Bio-)Technologie warnen (vgl. Habermas 2001).

Technik wird auch hier als das Andere und Sekundäre der Kultur beziehungsweise des Menschen verstanden und auf ihre Funktion reduziert.

Die Notwendigkeit eines dezidiert kritischen Posthumanismus ergibt sich also aus der Vielfalt der Inhalte, die unter Posthumanismus, Posthumanität etc. verhandelt werden und die sich mit unterschiedlichen diskursiven Strategien und politischen Ansprüchen verbinden.[13] Es ist allerdings festzuhalten, dass auch der kritische Posthumanismus - wie alle Theorieschulen - kein homogenes Feld bildet, insofern die Bezugspunkte sowie die theoretischen und fachlichen Hintergründe der Theoretiker*innen stark divergieren (Wissenschaftstheorie, Literaturwissenschaft, Biologie, Physik, Informatik, Science-Fiction, das ›digitale Zeitalter‹ u.a.).[14] Als Möglichkeit des Beginns wie auch als antizipiertes Resümee eines kritischen Posthumanismus lässt sich mit Stefan Herbrechter Friedrich Nietzsches berühmte Anfangspassage aus *Über Wahrheit und Lüge im außermoralischen Sinne* von 1873 wählen, in der Nietzsche das lächerliche Pathos und die Hybris des Menschen, sich für die Krönung der Schöpfung und das Zentrum der Welt zu halten verspottet sowie die Vergänglichkeit, aber vor allem die Irrelevanz des Menschen herausstellt:

---

13 Vgl. Herbrechter 2009.

14 Zu den kritisch posthumanistischen Autor*innen zähle ich, um nur die bekanntesten zu nennen, Stacy Alaimo, Neil Badmington, Karen Barad, Rosi Braidotti, Elaine Graham, Katherine Hayles, Donna Haraway, Vicki Kirby, Bruno Latour, Isabelle Stengers, Cary Wolfe, aber auch im weiteren, nicht deklarierten Sinne viele poststrukturalistische Theoretiker*innen wie Judith Butler, Gilles Deleuze, Félix Guattari, Jaques Derrida, Michel Foucault oder Jean-François Lyotard, die kritisch posthumanistisches Denken vorbereitet haben und wichtige Bezugspunkte für kritische Posthumanist*innen darstellen. Darüber hinaus lässt sich eine große Schnittmenge oder Nähe zwischen den Inhalten und Methoden kritisch posthumanistischer Theoriebildung und dem sogenannten *New Materialism* ausmachen. Es stellt sich hier überhaupt die Frage, wo genau die Differenzen der beiden Theorieansätze anzusiedeln sind oder ob nicht vielmehr gesagt werden kann, dass beide mit sehr ähnlichen Mitteln sehr ähnliche Projekte verfolgen. So ist meines Erachtens kaum zu entscheiden, ob Karen Barads Überlegungen und Konzepte eher im Feld eines kritischen Posthumanismus oder jenem des *New Materialism* anzusiedeln sind.

> In irgend einem abgelegenen Winkel des in zahllosen Sonnensystemen flimmernd ausgegossenen Weltalls gab es einmal ein Gestirn, auf dem kluge Tiere das Erkennen erfanden. Es war die hochmütigste und verlogenste Minute der ›Weltgeschichte‹: aber doch nur eine Minute. Nach wenigen Atemzügen der Natur erstarrte das Gestirn, und die klugen Tiere mussten sterben. – So könnte jemand eine Fabel erfinden und würde doch nicht genügend illustriert haben, wie kläglich, wie schattenhaft und flüchtig, wie zwecklos und beliebig sich der menschliche Intellekt innerhalb der Natur ausnimmt. Es gab Ewigkeiten, in denen er nicht war; wenn es wieder mit ihm vorbei ist, wird sich nichts begeben haben. Denn es gibt für jenen Intellekt keine weitere Mission, die über das Menschenleben hinausführte. Sondern menschlich ist er, und nur sein Besitzer und Erzeuger nimmt ihn so pathetisch, als ob die Angeln der Welt sich in ihm drehten. Könnten wir uns aber mit der Mücke verständigen, so würden wir vernehmen, dass auch sie mit diesem Pathos durch die Luft schwimmt und in sich das fliegende Zentrum dieser Welt fühlt. Es ist nichts so verwerflich und gering in der Natur, was nicht, durch einen kleinen Anhauch jener Kraft des Erkennens, sofort wie ein Schlauch aufgeschwellt würde; und wie jeder Lastträger seinen Bewunderer haben will, so meint gar der stolzeste Mensch, der Philosoph, von allen Seiten die Augen des Weltalls teleskopisch auf sein Handeln und Denken gerichtet zu sehen. (Nietzsche 2015: 9)

Inhalte, Methoden und Ziele eines kritischen Posthumanismus

Nach dieser ersten negativen Bestimmung stellt sich die Frage nach den positiven Inhalten und Zielen kritisch posthumanistischer Theoriebildung sowie nach den Mitteln und Methoden, mit denen diese Inhalte und Ziele zum Thema gemacht beziehungsweise erreicht werden sollen. Trotz der eben erwähnten thematischen Vielfalt, kann kritischer Posthumanismus mit einigen geteilten Problemlagen und theoretisch-praktischen Annahmen identifiziert werden, auf denen im Folgenden der Fokus liegen wird.

Ausgehend von der noch zu begründenden These der radikalen Verstrickung des Humanen, Nicht-Humanen, Inhumanen und Ahumanen[15] geht es kritischen Posthumanismen einerseits um die

---

15 Nicht-human (engl. *nonhuman*), inhuman/unhuman (engl. *inhuman*) und ahuman (engl. *ahuman)* bezeichnen keinesfalls notwendigerweise immer dasselbe. In der von mir bearbeiteten Fachliteratur gibt es diesbezüglich keine Anmerkungen beziehungsweise keine begriffliche Schärfe. Es scheint jedoch so zu sein, dass nicht-human/nicht-menschlich *zumeist* auf eine ›biologische‹ oder ›behavioristische‹ ›Differenz‹ verweist, während

Beforschung der *posthumanistisch* konfigurierten Welt, d.h. um die Reflexion der über die Technowissenschaften vermittelten »*posthumanistische[n]* Neukonfiguration von Natur und Mensch beziehungsweise auch von Körper, Subjektivität, Maschine oder Identität« (Weber 2003b: 222). Doch was hat es mit jenen sogenannten *Technosciences*, denen innerhalb der posthumanistisch konfigurierten Welt eine so zentrale Rolle zukommt, auf sich? Unter einer historischen Hinsicht verweist der Begriff der *Technoscience* auf die tiefgreifenden gesellschaftlichen, d.h. ökonomischen, politischen und kulturellen Umwälzungen, die sich angesichts stark veränderter Formen der Wissens- und Erkenntnisproduktion in den postindustriellen Gesellschaften ab Mitte des 20. Jahrhunderts vollzogen haben. Technowissenschaftliches Wissen ist demnach heutzutage zu einem wesentlichen (wenn auch nicht alles determinierenden) gesellschaftspolitischen Faktor geworden - sei es auf institutioneller, ökonomischer, militärischer oder ideologischer Ebene. Sowohl für Bruno Latour als auch für Donna Haraway ist mit *Technoscience* allerdings vielmehr verbunden als bloßes Produkt der zweiten Hälfte des 20. Jahrhunderts zu sein. Latour verwendet den auf den belgischen Philosophen Gilbert Hottois zurückgehenden Begriff, um den Bruch zwischen den Laboren des 18./19. Jahrhunderts und jenen des späten 20. Jahrhunderts zu begreifen. Historisch betrachtet diente das Labor als ein Ort, Natur in eine kontrollierte und abgeschlossene Umgebung zu bringen, wobei die Wände des Labors im Falle einer Panne sicherstellen sollten, dass das Unbekannte und Nicht-Kontrollierbare nicht in die Gesellschaft durchdringt. Ab Mitte des 20. Jahrhunderts ändert sich die Lage radikal: Die Welt selbst scheint zu einem gigantischen, offenen Labor geworden zu sein, so dass alle, auf die eine oder andere Weise, an kollektiven Experimenten teilhaben - man denke an die globale Erderwärmung, das Ozonloch, Atomwaffentests etc.

---

inhuman/inhuman/unmenschlich eher auf das Monströse, Niedrige, Abjekthafte, auf das, was gar nicht gedacht werden darf, rekurriert und sich ahuman/amenschlich auf externe, d.h. außerhalb des ›aktiven‹ Einflussbereichs des Menschen liegende Prozesse oder Faktoren, wie z.B. die Evolution, bezieht.

Latour zufolge zeichnet genau dieses Phänomen die Technowissenschaften aus. Demnach ist *Technoscience* nicht einfach bloß *Science* plus *Technology*, sondern benennt eine soziale Realität, deren Kennzeichen es ist, von multiplen Verschränkungen zwischen wissenschaftlichen, technischen und anderen Aktanten - menschlicher wie nichtmenschlicher Art - durchzogen zu sein.[16] Die *Technosciences*, so Haraway, die immer auch die Ambivalenzen bezüglich der technowissenschaftlich induzierten gesellschaftlichen Neuordnung(en) betont, sind angesichts ihres biokapitalistischen wie militärischen Nutzens fatal; in Bezug auf unerwartete Begriffsverschiebungen sowie die Eröffnung anderer Formen und Möglichkeiten des Lebens birgt der technowissenschaftliche Wandel aber zugleich emanzipatorische Potentiale. Haraway ist insofern darauf bedacht, dass ihre Figurationen, wie beispielsweise die Cyborg, sich weder in utopistisch technophile noch in dystopistisch technophobe Zukunftsvisionen eingliedern lassen. Darüber hinaus unterstreicht sie stets auch die problematischen Seiten des »transdisziplinären Wissenstransfers« (Weber 2003a), d.h. des Austausches von Begriffen, Konzepten und Metaphern zwischen Geistes-/Sozial- auf der einen und Natur-/Technowissenschaften auf der anderen Seite. So hält sie fest, dass »[d]as US-Militär wahrscheinlich zu den Institutionen [gehört], die sich heute weltweit am meisten für die Netzwerktheorie interessieren. Das heißt nicht, dass wir diese Bilder nicht mehr für die eigene Arbeit verwenden sollten, es sollte uns aber zu denken geben.« (Haraway 1995: 118)

Neben der Erforschung jener eben skizzierten *posthumanistischen* Realität geht es kritischem Posthumanismus aber andererseits und zugleich immer auch um eine radikale *post*-humanistische Theoriebildung, die das hegemoniale, Herrschaftsverhältnisse legitimierende und anthropozentrische Menschen-

16 Vgl. auch Becker-Schmidt 1998; Haraway 1995, 1996 und 1997; Herbrechter 2009; Latour 2008; Weber 2003a.

und Weltbild des Humanismus vom Nicht-Menschlichen, Inhumanen und Ahumanen her infrage zu stellen sucht.[17] Denn die Kategorie Mensch ist, wie zu zeigen sein wird, eine zutiefst instabile und veränderliche Konstruktion, die, wie Jennifer Rhee bemerkt, permanent über »acts of boundary-creation and boundary-policing« (Rhee 2013: 313) hergestellt wird beziehungsweise sich daraus ergibt. Als ein Element der Stabilisierung von Macht und Herrschaft können daher im Allgemeinen sogenannte »boundary-drawing practices« (Barad 2007: 93) bezeichnet werden. ›Grenzziehende Praxen‹ zielen auf die Naturalisierung und Fixierung von Differenzen und sind darum *niemals unschuldig*; sie gehen stets mit Verwerfungen und Ausschlüssen einher. Kritische Posthumanist*innen entlarven diese dem humanistisch-modernen Denkrahmen inhärenten grenzziehenden Praxen, indem sie mithilfe *historisch-materialistischer* sowie *kritisch-diskursiver* Analyseverfahren auf den ideologischen[18] und historisch-praktischen Kern einer jeden vermeintlich naturgegebenen Grenze verweisen.[19] Sie wenden sich damit gegen die für den Humanismus so grundlegenden und bis heute geltenden Spaltungen zwischen Natur und Kultur, Körper und Geist, Materie und Bewusstsein, Mensch und Nicht-Mensch:

> [M]y use of ›posthumanism‹ marks a refusal to take the distinction between ›human‹ and ›nonhuman‹ for granted, and to found analyses on this presumably fixed and inherent set of categories. Any such hardwiring precludes a genealogical investigation into the practices through which ›humans‹ and ›nonhumans‹ are delineated and differentially constituted. A posthumanist performative account worth its salt must also avoid cementing the nature-culture dichotomy into its foundations, thereby enabling a genealogical analysis of how these crucial distinctions are materially and discursively produced. (Barad 2007: 32)

---

17 Kritisch posthumanistische Theorie muss sich dementsprechend auch ›ohne‹ sich auf Technik zu beziehen oder ohne Rekurs auf die über die Technowissenschaften vermittelten Veränderungen formulieren lassen können (vgl. Herbrechter 2009: 43).

18 Der hier in Anschlag gebrachte Ideologiebegriff hebt mit Louis Althusser und entgegen der zu kurz greifenden und idealistischen Konzeption von Ideologie als lediglich ›falschem Bewusstsein‹ den materiellen Charakter von Ideologie hervor (vgl. Althusser 1977).

19 Vgl. Herbrechter 2009.

Erklärtes Ziel kritischer Posthumanismen ist es also, die impliziten Annahmen und Grundlagen dieser als absolut gesetzten und jeder Zeitlichkeit enthobenen Dualismen sowie die damit einhergehenden blinden Flecken des Humanismus, die mit seinen Ansprüchen auf Allgemeingültigkeit, Objektivität und Rationalität ebenso wie mit anderen westlichen Denkpraxen und Seinsgewissheiten einhergehen, offenzulegen. Anstatt sich also *ad hoc* ›nach‹ einem zu bestimmenden Humanismus zu verorten, versuchen kritische Posthumanismen den humanistischen Diskurs eher von innen heraus zu dekonstruieren und verweigern sich somit einer ausschließlich historischen Definition.[20] Wie Cary Wolfe bemerkt, ist kritischer Posthumanismus daher paradoxerweise ebenso ›vor‹ ›dem‹ Humanismus zu verorten und zwar dahingehend, dass er die körperliche Abhängigkeit/Verkörperung (*embodiment*) des »*human animal*« wie auch seine kontextuelle Eingebundenheit (*embeddedness*), seine »prothetische Ko-evolution« sowie »all das, was vor dem historisch spezifischen Ding namens ›Mensch‹ kommt« (Wolfe 2010: 15) herausstellt. Es geht in kritisch posthumanistischer Theoriebildung dementsprechend auch immer darum, »anerkannte Konzeptionen von Menschlichkeit herauszufordern und für Diskussionen offenzuhalten« (Suchman 2007: 239). Demgegenüber führt die ahistorische, »pre-scientific ›philosophical anthropology‹« (Soper 1986: 12) des Humanismus zu einer Mystifizierung des Menschen und in weiterer Folge zu dem, was Haraway »human exceptionalism«[21] nennt, also der Vorstellung, der Mensch nehme qua seines Menschseins eine absolute Sonderstellung in der Natur ein. Dieser Anthropozentrismus steht nicht nur für menschlichen Chauvinismus jeglicher Couleur, sondern strukturiert und organisiert als diskursives Ordnungsschema die Art und Weise wie Wirklichkeit verstanden und Wissen produziert wird. Dass Anthropozentrismus und Humanismus in enger Verbundenheit stehen, zeigt sich nicht zuletzt in der Abwertung alles und aller vermeintlich Anderen. Kritische posthumanistische

---

20 Vgl. hierzu auch Jean-François Lyotards analoge Verhältnisbestimmung von Moderne und Postmoderne, nach welcher die Postmoderne ebenso nicht einfach eine Zeit nach der Moderne markiert (Lyotard 2012).

21 Vgl. beispielsweise Haraway 2008: 11f.

Theorie ist daher immer auch mit einer radikalen Kritik am Anthropozentrismus verbunden: Wenn ›wir‹ uns in einem »posthumanen Zustand« (Braidotti 2013a) oder im »Zeitalter der Technoscience« (Weber 2003a)[22] befinden, in dem die sichtbaren Grenzen zwischen Mensch und Maschine, Natürlichem und Artefaktischem, Organischem und Anorganischem angesichts der exzessiven Erzeugung von Hybriden[23], Cyborgs und Chimären *noch* instabiler und fließender werden,[24] wird die Auffassung des Menschen als alleiniger Gestalter von Welt umso fraglicher und die Frage, welche Ausschlüsse und Abwertungen mit der humanistischen Konzeption des Menschen verbunden sind, noch dringlicher.

Wie ist nun aber der Mensch ›des Humanismus‹ beschaffen und was ist unter Humanismus zu verstehen? Abgesehen von der Heterogenität und Pluralität der historischen Humanismen,[25] lassen sich einige geteilte wie sich gegenseitig stützende und implizite Annahmen unterschiedlicher Humanismen herausdestillieren: Erstens die Behauptung einer universellen, d.h. unsituierten und entkörperlichten ›menschlichen Natur‹, zu der wesentlich und notwendig bestimmte Vermögen wie vor allem Selbstbewusstsein, Rationalität und Handlungsfähigkeit gehören. Zweitens das Ideal einer bürgerlich-liberalen Subjektivität sowie drittens die Annahme allgemeingültiger Wahrheiten und Normen. Äußerst prob-

---

22 Vgl. auch Haraway 1995 und 1996.

23 Bruno Latour begreift unter Hybriden (Misch)Phänomene, wie das Ozonloch, das Internet oder die Gentechnologie etc., die undifferenzierbar in den naturwissenschaftlichen als auch in den soziologischen Erklärungshorizont fallen. Indem sie gleichermaßen Subjekt wie Objekt sind, brechen sie die Subjekt-Objekt-Spaltung auf (vgl. Latour 2008).

24 Wie weiter unten ausgeführt wird, war der Mensch nie nur menschlich.

25 Wolfe weist mit Foucaults »Was ist Aufklärung?« (1984) daraufhin, dass Aufklärung und Humanismus einerseits ob der Uneinheitlichkeit und Breite der humanistischen Thematik und andererseits aufgrund des eigentlichen Anspruchs der Aufklärung, jegliche Art des ›Aberglaubens‹ zu überwinden, dem der Humanismus mit seinen »anthropological universals« letztlich verpflichtet bleibt, nicht in eins gesetzt werden sollten (vgl. Wolfe 2010). Auch Stefan Herbrechter macht auf die Unmöglichkeit aufmerksam, *einen* Humanismus ausmachen zu wollen (vgl. Herbrechter 2009).

lematisch ist hierbei, dass der Mensch des Humanismus kaum etwas mit dem statistisch gesehen durchschnittlichen zu tun hat, insofern er lediglich den weißen, westlichen, heterosexuellen, bürgerlichen, erwachsenen und gesunden Mann als einen solchen anerkennt.[26] Dieser Norm gelten die »sexualisierten, rassifizierten, naturalisierten Anderen«[27] (Braidotti 2013a: 26) als *wesentlich* verschieden. Der humanistische Mensch ist daher ein standardisiertes Herrschaftsinstrument, mit dessen Hilfe alle Anderen bemessen, normiert, normalisiert, reguliert und einem gesellschaftlichen Ort zugewiesen werden. Diana Fuss hält in diesem Sinne fest, dass die Kategorie Mensch niemals eine unschuldige war, sondern als normalisierte und normalisierende immer schon der Legitimation von Ausgrenzung und Ausbeutung diente:

> That the human has a history comes as no surprise to those subjects so routinely and so violently excluded from its ideological terrain. In the past, the human has functioned as a powerful juridical trope to disenfranchise slaves, immigrants, women, children and the poor. [...] In America, the human continues to be deployed as a weapon of potent ideological force, its unstable boundaries perpetually challenged and redrawn to exclude entire groups of socially disempowered subjects: the homeless, mothers on welfare, blacks in prison, people with HIV/AIDS, illegal ›aliens‹. The human is not, and has never been, an all inclusive category. (Fuss 1996: 1f.)

Dass der Mensch und Subjektivität historisch-diskursive, höchst ideologische Konstrukte sind, wird vom Humanismus allerdings systematisch geleugnet. Das kritisch posthumanistische Interesse, das humanistische Menschen- und Subjektbild zu dekonstruieren, entstammt daher zuallererst dem politischen Anspruch, der im

---

26 Zum Sinnbild des Humanismus wurde der ›vitruvianische Mensch‹, oder vielmehr: Mann (lat. *homo vitruvianus*). Dieser bezeichnet eine Illustration des Mannes nach idealen, vom antiken Architekten und Ingenieur Vitruv formulierten Proportionen. Leonardo da Vincis Darstellung eines solch idealen Menschen, d.h. Mannes ist wohl die bekannteste. Donna Haraway bildet in *When Species Meet* Sidney Harris Cartoon *Leonardo da Vinci's Dog* ab, auf dem statt eines Menschen ein Hund abgebildet ist. Sie konterkariert hiermit den universell-normativen Bezugspunkt des heterosexuellen weißen Mannes und dessen Ideologie des »human exceptionalism« (Haraway 2008: 8; vgl. auch Braidotti 2013a).

27 Wie auch das technische Objekt.

Namen des ethnisch, soziologisch, geschlechtlich wie sexuell standardisierten Menschen ausgeübten Herrschaft die Legitimation zu entziehen. In einer solchen Bewegung soll aber nicht nur die humanistische Vorstellung die humanistische Konzeption des Menschen dekonstruiert werden; vielmehr geht es immer auch darum, sich ›den Menschen‹ mit »*größerer* Genauigkeit, *größerer* Kenntnisnahme seiner Körperlichkeit (*embodiment*), Situiertheit (*embeddedness*) und Materialität« anzusehen, zu untersuchen, »wie diese [Körperlichkeit, Situiertheit, Materialität, Anm. I.A.] Bewusstsein, den Geist usw. formen und im Gegenzug von diesen geformt werden« (Wolfe 2010: 120). Jener pragmatistisch-postanthropologische Ansatz eines kritischen Posthumanismus steht in diesem Sinne in drastischem Gegensatz zur wesensphilosophisch orientierten und naturalistisch beschaffenen philosophischen Anthropologie. Denn ein solcher Ansatz widersteht und widerspricht »jedem Versuch, eine eigentliche menschliche Natur von den konkreten sozialen und technischen Kontexten abzulesen« (Rölli 2010: 3). Das humanistische Begehren nach Universalisierung, Normierung und Essentialisierung kann im Umkehrschluss als Versuch gedeutet werden, die Kontingenz, Situiertheit, Historizität und spezifischen Körperlichkeit des Menschen zu leugnen, um für einen bestimmten Menschen Privilegien zu sichern und diese anderen zu verwehren.

Darüber hinaus benötigt der Mensch jenes geschilderten Humanismus zur eigenen Konstruktion immer auch das Nicht-Identische/Andere/Inhumane als Negativfolie und erzählt sich daher aus posthumanistischer Sicht eine fragwürdige Erfolgsgeschichte: Er ist deshalb die Krone der Schöpfung, weil er sich der Fesseln des Animalischen, Biologischen, Evolutionären entledigt, d.h. die Grenzen des Materiellen und des Körpers transzendiert hat. In diesem Sinne führt der Transhumanismus, stets darum bemüht, alles Leibliche hinter sich zu lassen, in der Tat zu einer »*Verschärfung* des Humanismus« (Wolfe 2010: 15.) und steht insofern einem kritischen Posthumanismus antithetisch gegenüber. Dass der Transhumanismus auf dem rationalistischen Humanismus basiert, sozusagen dessen Erbe weiterführt, wird von den Vätern des Transhumanismus – wenig erstaunlich handelt es sich bei den meisten Transhumanisten um Männer – ganz offen ausgesprochen, ja zelebriert. So macht Nick Bostrom, Doyen des Transhumanismus, Mitbegründer der *World Transhumanist Association* und Philosophieprofessor an der renommierten Oxford University, keinen Hehl daraus, dass »der Transhumanismus seine Wurzeln im rationalen Humanismus hat« (Bostrom 2005: 2) – wohl nicht zuletzt aus dem strategischen Grund, transhumanistisches Gedankengut gesellschaftsfähig zu machen. Das Verdrängte in der Evolution des Menschen, das Nicht-Menschliche, Monströse, Amenschliche zu rehabilitieren und in die Geschichte der Menschwerdung zu integrieren, auch das ist deshalb Teil und Programm kritischer Posthumanismen.

Kritischen Posthumanismen zufolge ist der Mensch oder das Menschliche also als Resultat oder Effekt des »Humanismus als ideologischem Diskurs« (Herbrechter 2009: 19) innerhalb der modernen Gesellschaftsformation zu verstehen. Folglich kann auch die angenommene Grenze zwischen Menschlichem und Nicht-Menschlichem nicht mehr als natürlich gegeben angesehen werden, sondern als spezifisch historischen Konstruktionsweisen unterliegend, die ihrerseits mit spezifischen sozialen und materiellen Konsequenzen verbunden sind. Dann aber muss sich die humanistische Frage nach einem essentiellen ›Wesen‹ des Menschen notwendig hin zur kritisch posthumanistischen und materialistischen Frage verschieben, *auf welcher ideologischen und sozialhistorischen Grundlage ›wir‹ uns im Allgemeinen auf unsere Spezies beziehen und welche Politiken damit verknüpft sind.*[28] Mit kritischem *Post*humanismus geht also die denaturalisierende, historisch-materialistische, aber eben auch *post*anthropozentrische beziehungsweise *post*humanistische Einsicht einher, dass

> Mensch und Humanität historisch-kulturelle Konstrukte, nicht ideologiefreie transzendentale Begriffe [sind], und daher in größere Zusammenhänge

---

[28] Dieses ›wir‹ speist sich, wie im Folgenden noch zu zeigen sein wird, aus impliziten und problematischen Voraussetzungen und wird aus diesem Grund sowohl im kritischen Posthumanismus als auch bei Whitehead in seine Schranken verwiesen.

wie Ökosystem oder Technik oder Evolution eingefügt werden [müssen]. (Herbrechter 2009: 13)

Je ernster die Idee des kritischen Posthumanismus denn auch in seiner politisch-praktischen Hinsicht genommen wird, desto radikaler auch die politisch-ethischen Konsequenzen beziehungsweise Forderungen, wie sie beispielsweise im Antispeziesismus formuliert sind. Denn Antispeziesismus ist in der Tierbefreiungsbewegung, der Tierethik und Teilen der *(critical) human-animal studies* die Forderung nach einem Ende der Ausbeutung und Unterdrückung von Tieren aufgrund ihrer Nichtzugehörigkeit zur Spezies Mensch beziehungsweise ihres ›Tierseins‹. Speziesismus weist für Antispeziesist*innen Strukturähnlichkeiten mit Rassismus oder Sexismus auf. Ziel muss folglich die Dekonstruktion beziehungsweise Auflösung der Kategorie Spezies und das Ende der Tierausbeutung sein. Selbst die radikale Linke, die, mit dem marxistischen Literaturtheoretiker Fredric Jameson (1995) gesprochen, ihr ›politisch Unbewusstes‹ an diesem Punkt allzu gerne ignoriert, verbleibt weiterhin im humanistischen Diskurs - obschon in seiner sozialistischen, vielleicht auch (methodisch) antihumanistischen Variante -, wenn die (organisierte, massenhafte, gewaltsame) Tötung von Tieren als ethisch unbedenklich angesehen und der antispeziesistische Vorstoß für die ›Befreiung des Menschen‹ oder im Sinne einer revolutionären Bündnispartnerschaft als irrelevant und irrational abgetan wird.

Dennoch sollte es nicht um eine pauschale Verwerfung des Humanismus gehen, ist es doch eine Illusion zu glauben, ihn so leicht hinter sich lassen zu können. Vielmehr besteht die Aufgabe darin, *kritisch-dekonstruktivistisch* wie *historisch-materialistisch* herauszuarbeiten, wie der Humanismus über seine philosophischen Bezüge - die ihn zugleich erst hervorbringen - seine eigenen Ansprüche untergräbt. Denn es ist der Logik des Humanismus geradezu eingeschrieben, seine Ideale zu pervertieren.[29] Die »Krise des

---

29 So kann er beispielsweise seinem Gleichheitsanspruch (›alle Menschen sind gleich‹) nicht gerecht werden, weil er Humanität normativ konzeptualisiert.

Humanismus« entspringt daher auch nicht erst der posthumanistischen Neukonfiguration der Welt, sondern ist dem Humanismus inhärent.[30] Eindeutig wurde jene Krise durch die im Namen von Humanismus und Aufklärung verübten Verbrechen in der ersten Hälfte des 20. Jahrhunderts. So bemerkt Michel Foucault: »[I]nsofern als alle Regime des Ostens oder des Westens ihre schlechte Ware unter der Flagge des Humanismus durchbringen, ist es im Augenblick unsere Aufgabe, uns endgültig vom Humanismus zu befreien.« Angesichts der gegenwärtig so zahlreich in Anschlag gebrachten Rückbesinnungen auf humanistische Werte und Ideale zum Zweck der Rechtfertigung äußerst problematischer Politiken, hat Foucaults Beobachtung nichts an Aktualität eingebüßt.[31] Foucault begreift daher die Aufgabe, sich endgültig vom Humanismus zu befreien auch als »eine politische Arbeit« (Foucault 1967: 93). Und falls der uns geläufige Mensch ohnehin, wie Foucault in posthumanistischer Fasson in *Die Ordnung der Dinge* kritisch-diskursiv meint, »eine Erfindung der jüngeren Vergangenheit« (Foucault 1971: 571), d.h. ein historisch-diskursives Phänomen ist, das angesichts der massiven posthumanistischen Neukonfigurationen vielleicht sogar bereits ›verschwunden‹ ist, sollten an die Stelle der *»humanities«* (Geistes- und Kultur, sowie Teile der Sozial- und Humanwissenschaften) kritische *»posthumanities«* treten: Disziplinengrenzen überschreitend und disziplinenunabhängig wären diese nicht nur imstande, so die Überzeugung, den nunmehr als erweitert zu denkenden Untersuchungsgegenstand Mensch wie seine ›Anderen‹ adäquater zu fassen, sondern zugleich orthodoxe und unhinterfragte Kategorien, Methoden und Begriffe einer kritischen Prüfung zu unterziehen als auch Perspektiven für egalitärere Formen der Wissens- und

---

30 Vgl. Herbrechter 2009.

31 Für einen Einblick in konservative bis reaktionäre Antworten auf den ›posthumanen Zustand‹ siehe beispielsweise das Special Issue der *New German Critique*: »The Challenge of Ecology to the Humanities: Posthumanism or Humanism?«, Vol. 43, No. 2 (128), August 2016. Oder den Sammelband »For Humanism: Explorations in Theory and Politics«, Hrsg. Alderson, David/Spencer, Robert (2017).

Erkenntnisproduktion zu entwickeln.[32] Kritischer Posthumanismus ist daher mit Neil Badmington

> not the property or progeny of any particular academic discipline; on the contrary, it touches and troubles across the lines that conventionally separate field from field, mode from mode. (Badmington 2011: 381)

Dezentrierung des Menschen und kritisch posthumanistische Subjektivität

Was also im Sinne kritisch posthumanistischer Theoriebildung notwendig ist, ist eine Dezentrierung und Prothetisierung des Menschen, und zwar sowohl in theoretisch-analytischer als auch in methodischer Hinsicht. Dies impliziert, dass es eine radikale, das heißt posthumanistisch-postanthropozentrische Neukonzeptualisierung von Humanität und Subjektivität braucht. So bedeutet bei Haraway Subjektivität »zunächst raum-zeitlich situierte Verkörperung« (Becker-Schmidt 1998: 113). Subjektivität ist damit nicht an bestimmte Wesensmerkmale beziehungsweise eine bestimmte attributive Ausstattung wie etwa Bewusstsein gebunden und das heißt auch und vor allem nicht ausschließlich an den Menschen.[33] Gleichermaßen versteht Braidotti das Subjekt primär als »ein Raumzeitgefüge, das die Grenzen von Werdensprozessen absteckt« (Braidotti 2018: 22).[34] Weil Subjektivität, obwohl theoretisch wie praktisch kaum begründbar,[35] im humanistisch-modernen Diskurs allerdings auf menschlich-selbstbewusste beschränkt wird,

---

32 Dies ist ebenso Anspruch der Whitehead'schen Forderung nach einer Überwindung der Aufspaltung des Wissens in Geistes-, Kultur, und Sozialwissenschaften auf der einen und Naturwissenschaften auf der anderen Seite. Vgl. hierzu Kap. 4 *Die Bifurkation der Natur als ›implizite Metaphysik der Moderne‹*.

33 Dies ist ebenso bei Whitehead der Fall. Vgl. Kap. 5.

34 Ebenso verhält es sich nach Stuart Hall, einem der Begründer der *Cultural Studies*, mit der menschlich-kulturellen oder ethnischen *Identität*: Diese sei »[k]ein Wesen, sondern eine Positionierung« (Hall 1994: 30).

35 Warum die Verengung von Subjektivität auf menschliche Subjektivität theoretisch wie praktisch nicht zu rechtfertigen ist, zeige ich unter anderem mit Whitehead. Vgl. Kap. 4 und 5.

lässt sich der anthropozentrische Subjektbegriff des Humanismus mit Haraway als »unmarkierte Kategorie«[36] und Ausdruck der Ideologie des »human exceptionalism« fassen. Die Dezentrierung und Prothetisierung des Menschen bedeutet daher auch, dass der *Homo sapiens* in Hinblick auf Geschichte, Kultur und Wissenschaft nicht länger als alleiniger und wesentlicher Bezugspunkt, als »Maß aller Dinge« (Braidotti 2013a: 2) gelten kann. Foucault hält bezüglich des Humanismus fest, dass es nicht nur erforderlich ist, »das traditionelle Bild, das man sich vom Menschen gemacht hatte, aus[zu] [löschen], sondern [...] sogar die Idee vom Menschen in der Forschung und im Denken überflüssig zu machen« und eben genau nicht, wie es die humanistische Doktrin nahelegt, »den Menschen zu retten, den Menschen im Menschen wiederzuentdecken usw.« und dadurch »die gesamte geistige Arbeit zur Sterilität [zu] verdamm[en]« (Foucault 1967: 93).[37] Erklärtes Ziel kritischer Posthumanismen ist es daher, endgültig »der menschlichen Perspektive zu entkommen« (Stengers 2011: 2), wie Isabelle Stengers mit Bezug auf Whitehead schreibt. Denn der Mensch, so eine grundlegende Einsicht kritisch posthumanistischen Denkens, gestaltet die von ihm wie auch von nicht-menschlichen Bewohner*innen besiedelten *naturetechnoscienceculture*s nicht allein. Karen Barad möchte eben diesen Umstand mit dem Begriff ›posthumanistisch‹ anzeigen:

> By ›posthumanist‹ I mean to signal the crucial recognition that nonhumans play an important role in naturalcultural practices, including everyday social practices, scientific practices, and practices that do not include humans. (Barad 2007: 32)

---

36 Eine »unmarkierte Kategorie« zeigt bei Haraway eine sich neutral und objektiv gebende Subjektposition an – die Subjektposition des »Mannes und des Weißen« –, die durch das Phantasma des »Blick[s] von nirgendwo« die Macht besitzt »zu sehen, ohne gesehen zu werden, sowie zu repräsentieren und zugleich der Repräsentation zu entgehen« (Haraway 1995: 80).

37 Für Foucault sind die ›strukturalistischen‹ Untersuchungen von Claude Lévi-Strauss, Jacques Lacan oder Georges Dumézil imstande, den Menschen in ihrer Forschung zu dezentrieren und sich dadurch des Humanismus zu entledigen.

Aufgrund dieser Einsicht, so Neil Badmington, hätte die posthumanistische Debatte in den Jahren ab 2000 einen wesentlichen Aufschwung erhalten:

> One thing, however, is certain: posthumanism has become a major site of debate in recent years because anthropocentrism, with its assured insistence upon human exceptionalism, is no longer an adequate or convincing account of the way of the world. (Badmington 2011: 381)

Der Begriff des Anthropozäns behauptet, könnte in gewisser Hinsicht gesagt werden, das Gegenteil. Mit dem Terminus, der im Jahr 2000 vom Atmosphärenforscher und Nobelpreisträger für Chemie, Paul J. Crutzen, popularisiert wurde, ist die Annahme verbunden, in ein geologisches Zeitalter eingetreten zu sein, in dem die Menschheit, verstanden als *ein einziges* großes Subjekt, zur größten geophysikalischen Kraft auf dem Planeten Erde geworden ist. Insofern der Begriff auf die oftmals fatalen ökologischen Auswirkungen menschlicher Handlungen verweist und hierüber Stimmen aus unterschiedlichen Forschungsrichtungen, die sich mit Ökologie im weitesten Sinne beschäftigen (Umwelt- und Klimaforschung, aber auch Kunst-, Kultur- und Geisteswissenschaften) beispielsweise gegen die Leugnung des Klimawandels vereint, ist er als durchaus emanzipativ zu bewerten. Andererseits aber ist der Begriff zu unterkomplex und unkritisch. Er führt darüber hinaus zu einer Reifizierung der Begriffe Natur und Mensch, womit er dem Humanismus zutiefst verpflichtet bleibt. Um darauf hinzuweisen, dass nicht die ganze Menschheit gleichermaßen für den Klimawandel verantwortlich zu machen ist, sondern die globale Verteilung von Macht und Ressourcen innerhalb des Kapitalismus, setzten sich kritische Forscher*innen und Theoretiker*innen wie Andreas Malm, Jason W. Moore oder T. J. Demos dafür ein, anstatt von ›Anthropocene‹ von ›Capitalocene‹ zu sprechen.[38] Haraway geht mit ihrem Begriff ›Chthulucene‹ noch einige Schritte weiter: sie benennt mit dem Terminus, im Gegensatz zu reduktionistischen und essentialistischen Konzeptionen des Menschen und seiner ›Anderen‹, die post-anthropozentrische Epoche von Multispezies Assemblagen. Im Sinne eines kritischen Posthumanismus betont

[38] Vgl. z.B. Moore 2016; Demos 2017.

Haraway mit dem Konzept der ›Chthulucene‹ die »Sympoiesis« (»co-becoming«, »worlding-with«, »becoming-with each other«[39]), die produktive Wirksamkeit Speziesgrenzen überschreitender Kollaborationen, und damit auch die geteilte ›agency‹ bei Phänomenen wie beispielsweise dem Klimawandel.[40]

Es sollte nun deutlich geworden sein, dass kritischer Posthumanismus nicht die Aufhebung, Überwindung oder Perfektionierung des Menschen beabsichtigt,[41] sondern lediglich das Ende einer bestimmten Konzeption des Menschen (oder auch der Wissenschaft, der Kultur, der Technik etc.) eruiert und forciert, nämlich das Ende der wesensphilosophisch-humanistischen: Nach dem Humanismus ist also, wie weiter oben schon erwähnt, ebenso vor dem Humanismus beziehungsweise

> [n]ach dem Menschen [...] vor dem Menschen, doch zwischen Endlichkeit und Erneuerung besteht die Möglichkeit des ganz ›anderen‹ Menschen.

---

39 Wie Latour lässt sich auch Haraway immer wieder von Whitehead inspirieren: Ihre Theorie des ›co-becoming‹ beziehungsweise der ›co-constitution‹, auf dem ihr *Companion Species Manifesto* basiert, gründet explizit auf Whiteheads *concrescence*-Begriff, der das ›Zusammenwachsen‹ von Heterogenitäten, die »production of novel togetherness« (PR 21) benennt (vgl. Haraway 2003). Auch in *When Species Meet* schreibt Haraway: »*To be one is always to* become with *many*« (Haraway 2008: 4). Um des Weiteren deutlich zu machen, dass Wirklichkeit kein starres Gebilde, sondern ein »aktives Verb« ist, verwendet sie Whiteheads Neologismus ›prehensions‹ (vgl. Haraway 2003: 6). Für Haraway wie für Whitehead kann es keine selbstidentischen, stabilen Fundamente geben: »*There are no pre-constituted subjects and objects, and no single sources, unitary actors, or final ends.*« (Haraway 2003: 6) Darüber hinaus spielt Whiteheads Philosophie in ihrer Programmatik ohne Zweifel eine wichtige Rolle: »*The Companion Species Manifesto is a kinship claim, one made possible by the* concrescence of prehensions of many actual occasions. *Companion Species rest on contingent foundations.*« (Haraway 2003: 9, Hervorh. I.A.) Vgl. auch Kap. 5.

40 Vgl. Haraway 2016.

41 Stefan Herbrechter weist diesbezüglich auf die nicht vorhandene Unterscheidungsmöglichkeit zwischen »*homme/man*« und »*humain/human*« im Deutschen hin. Diese Differenzierung macht im Französischen und Englischen sichtbar, dass das »Ende des ›*homme/man*‹« keinesfalls mit dem »Ende des ›*humain/human*‹« verwechselt werden darf (vgl. Herbrechter 2009: 17).

Dies ist die Ambiguität, die jedem Präfix ›Post-‹ innewohnt. (Herbrechter 2009: 19)

Relationalität und Prozessualität statt Substantialität und Fixiertheit

Wie kann nun aber dieser ganz andere, posthumanistische Mensch aussehen? Oder auch: Wie können Subjektivität, Kultur, Geschichte etc. in einem posthumanistischen Sinn gedacht werden?

Posthumanistische Theorie intendiert darzulegen, dass ›Mensch‹ , ›Natur‹ , ›Gesellschaft‹ , ›Sozialität‹ , ›Subjektivität‹ keine autonomen, substanziellen, abgeschlossenen, einheitlichen Größen oder Phänomene sind, die einen essentiellen Kern aufweisen, sondern vielmehr als ko-konstituierend, relational und kontextgebunden zu verstehen sind, als etwas, das permanent, auch von und mit nicht-menschlichen Entitäten, denen somit Subjektivität und Handlungsfähigkeit zuerkannt wird, hervorgebracht wird. Innerhalb des kritischen Posthumanismus oder auch der *Science and Technology Studies* (STS) ist es daher mittlerweile allgemein anerkannt, dass Wirkmächtigkeit (*agency*) nicht als Fähigkeit eines autonomen Subjekts oder aber als kausal-mechanistischer Prozess zu verstehen ist. Vielmehr »sind Menschen, andere Organismen, Artefakte und Technologien alle Akteur*innen« (Haraway 2004: 315) und ›betreiben‹ daher kollektives »*worlding*«, also erzeugen beziehungsweise transformieren kontinuierlich Wirklichkeit, indem sie sich fortwährend assoziieren, aufeinander einwirken und sich gegenseitig verändern.[42] Dadurch erfährt auch der Handlungsbegriff im kritischen Posthumanismus eine Neubestimmung: Denn solch ein Zugang bricht »mit der Unterscheidung zwischen intentionalem, zweckgerichtetem Handeln und Handeln als Ausdruck der Fähigkeit, auf etwas einwirken [...] zu können«. Stattdessen liegt der Fokus auf der »Vielzahl von Verschränkungen menschlicher und nichtmenschlicher Entitäten als jene ›Orte‹, aus denen

---

[42] Dies ist ebenso bei Whitehead der Fall. Vgl. Kap. 5 *Subjekte als relational-prozessuale Erfahrungsereignisse*.

Wirkmächtigkeiten hervorgehen« (Barla 2015: 103). ›Agency‹ ist im kritischen Posthumanismus daher »a matter of intra-acting; it is an enactment, not something that someone or something has« (Barad 2007: 178). In diesem Sinne als ko-konstituiert begriffen, ist auch der Mensch gemäß Haraway niemals nur menschlich gewesen. Er ist, ebenso wie Subjektivität und Identität, stets kontextgebunden, plural, Resultat und Teil von differenten, sich überlagernden Beziehungsgeflechten sowie historisch relativ und variabel:

> You can't do ›human‹ ahistorically [...], or as if ›human‹ were one thing. ›Human‹ requires an extraordinary congeries of partners. Humans, wherever you track them, are products of situated relationalities with organisms, tools, much else. We are quite a crowd, at all of our temporalities and materialities (which don't appear as containers for each other but as co-constituting verbs), including that of earth history and evolution. How many species are in the genus Homo now? Lots. And there are several genera for our close ancestral and parallel kin as well. (Haraway 2006: 146)

In ähnlicher Weise hält auch Barad fest:

> ›[H]umans‹ refers to phenomena, not independent entities with inherent properties but rather beings in their differential becoming, particular material (re)configurings of the world with shifting boundaries and properties that stabilize and destabilize along with specific material changes in what it means to be human [...]. (Barad 2003: 818)

Im Sinne einer solchen prozessorientierten, relationalen wie dynamischen Auffassung von Wirklichkeit muss sich Mensch/lich/keit einer letztgültigen und eindeutigen Bestimmung entziehen.[43] Dahingehend verweist das Präfix ›post‹ in posthuman auch auf die Uneinheitlichkeit beziehungsweise Pluralität des Humanen. Humanität als radikal offen, instabil, vielfältig, unbestimmt wie unbestimmbar zu fassen, ist besonders auch politisch angezeigt, um einerseits, sich eines pragmatischen Arguments bedienend, darauf hinzuweisen, dass das, was der Mensch (pragmatisch bestimmt) ist, *immer politisch umkämpft* ist und andererseits einer Erhöhung und Umfunktionalisierung des Menschen zu einer metaphysischen

[43] Ebenso verhält es sich nach Barad mit den ›Dingen‹, auf die sich implizit oder explizit ein Großteil der Physik bezieht, d.h. Atomen oder besser ›Atomhaftigkeit‹: »[t]he very nature of an atom's being, its very identity, is indeterminacy itself.« (Barad 2012b: 39)

Konstante mit essentiellen und universellen Wesensmerkmalen zu entgehen.[44] Darauf scheint auch der Begriff der Pan-Humanität oder auch des Panpsychismus[45] abzuzielen: Er verweist auf die grundlegende Verschränktheit oder Untrennbarkeitkeit von menschlicher/›kultureller‹ und nicht-menschlicher/›natürlicher‹ Lebenswelt. Es entsteht eine Gemengelage unterschiedlichster Akteure*innen, ein Geflecht aus komplexen und verschachtelten wechselseitigen Bezügen und Abhängigkeiten, temporalen und lokalen Zusammenschlüssen von der das ›Kulturelle‹ (das Urbane, Soziale, Politische, Ökonomische) ebenso betroffen ist wie das ›Natürliche‹ (die Umwelt, das Tierische, Rurale).[46] In diesem Sinne schlägt Barad einen »*posthumanistischen, performativen* Ansatz« vor, der Materialität ernst nimmt und als Alternative zum Repräsentationalismus »den Fokus von Fragen nach der Entsprechung zwischen Beschreibungen und der Wirklichkeit (z.B. spiegeln diese die Natur oder die Kultur wider?) auf Fragen nach Praktiken, Tätigkeiten und Handlungen [verlagert]« (Barad 2012a: 11f.). Zur Beschreibung und Analyse dieses performativen Geflechts führt Barad den Neologismus »intra-action« ein, der – im Gegensatz zum Begriff der Interaktion, welcher die Existenz unabhängiger Entitäten voraussetzt – darauf verweist, dass Entitäten ihren Beziehungen beziehungsweise ›intra-actions‹ nicht vorausgehen, sondern vielmehr durch diese erst entstehen. Dies beinhaltet, dass die einzelnen Entitäten oder *»agencies«* nur in einem relationalen, nicht aber in einem absoluten Sinne getrennt sind. In Barads Worten: »[A]gencies are only distinct in relation to their mutual entanglement; they don't exist as individual elements.« (Barad

44 Selbiges gilt für den Natur-, Kultur oder auch Technikbegriff. Diese Begriffe sind selbst situiert und darum vielfach (historisch, kulturell, wissenschaftlich, medial, institutionell) vermittelt. Sie sind ›Orte‹ der materiell-semiotischen Verknüpfung (vgl. Haraway 2006 und 2008) und insofern das, was sie bezeichnen mit zahlreichen sozialen und materiellen Konsequenzen verbunden ist, politisch höchst umkämpft.

45 *Pan-* ist eine griechische Vorsilbe, entspricht dem Lateinischen *omni-* und bedeutet ›gesamt‹, ›umfassend‹. Bezogen auf Pan-Humanität könnte die Vorsilbe auch auf den griechischen Hirtengott Pan verweisen, ein Mischwesen aus Mensch und Ziege.

46 Vgl. Braidotti 2013a: 40.

2007: 33) Beziehungsweise mit Haraway: »Beings do not preexist their relatings. [...] There are no pre-constituted subjects and objects, and no single sources, unitary actors, or final ends.« (Haraway 2003: 6). Die Kategorie der Relation wird dadurch zur ontologisch primären,[47] womit die methodologische Forderung einhergeht, dass »die Beziehung die kleinst mögliche Einheit der Untersuchung [ist]« (Haraway 2004: 315) beziehungsweise sein muss.

Wenn kritische Posthumanismen also zeigen können, dass Welten statt auf Substantialität auf Relationalität, statt auf Statik auf Prozessualität, statt auf Universalität auf Partikularität aufgebaut sind und Differenzen nicht auf Wesensmerkmalen[48] beruhen, sondern eher in einem Kontinuum angelegte, plurale Potentialitäten darstellen, bringen scharfe Grenzziehungen wie die zwischen Kultur/Natur, Geist/Körper, Mensch/Tier, aber auch die zwischen gegeben/(sozial) konstruiert beziehungsweise materiell/narrativ auch keinen theoretischen Mehrwert (mehr). Davon abgesehen setzen diese Dichotomien den humanistisch-eurozentrischen Diskurs mitsamt seiner dualistischen Logik lediglich fort und bestätigen beziehungsweise reproduzieren dadurch immer wieder aufs Neue »the Sacred Image of the Same« (Haraway 1997), »Dasselbe (*the Same*) in Seiner überlegenen Position« (Braidotti 2013a: 28).

---

47 Dies ist ebenso bei Whitehead der Fall. Vgl. Kap. 5 *Subjekte als relational-prozessuale Erfahrungsereignisse*.

48 Eine, wenn nicht die grundlegende Eigenschaft des Menschen und das, was ihn in letzter Instanz vom Tier unterscheide, so die festgefahrene (Theorie)Meinung, sei seine Sprachfähigkeit. Jedoch gibt es erstens bis dato keine einheitliche Bestimmung oder Theorie der menschlichen Sprache. Es wäre wohl »›more ›scientific‹ to take this limit [...] into account and to treat it as a point of departure for rethinking this or that received concept of ›science‹ and of ›objectivity‹« (Derrida zit. n. Wolfe 2010: 44). Zweitens bezeugen zahllose Studien, dass Tiere, oftmals speziesübergreifend zum Einsatz gebracht, über ›Sprache‹ oder vergleichbare Mittel der Kommunikation beziehungsweise Verständigung verfügen. Die Frage nach der Sprache als Alleinstellungsmerkmal des Menschen erweist sich also als äußerst mühselig und wird zumeist von denjenigen in Anschlag gebracht, die auf einer absoluten Differenz zwischen Tier und Mensch beharren wollen.

Posthumanist*innen suchen dementsprechend ›Onto-Epistemologien‹ (Barad)[49], Ethiken und Politiken jenseits binärer Logiken zu erarbeiten und intendieren zugleich historisch-materialistisch, metaphysisch-dekonstruktivistisch wie ›erfinderisch‹[50], die endlose Liste der Dichotomien, die das westliche Denken seit der Moderne prägen und strukturieren, aufzusprengen oder, mit Bergson gesprochen, »den Dualismus bis zum Äußersten zu treiben« (Bergson 2001: 177). Bei den hier unter kritischem Posthumanismus subsumierten Autor*innen gestaltet sich die Anstrengung der Überwindung von Dualismen aufgrund der oben genannten heterogenen Bezugspunkte und theoretisch-fachlichen Hintergründe auf sehr unterschiedliche Weise, wenngleich viele dieser Theoretiker*innen in ihren Texten wie Büchern explizit oder implizit aufeinander Bezug nehmen. Karen Barad beispielsweise entwickelt ihren ›posthumanistischen, performativen Ansatz‹ ausgehend von den erkenntnistheoretischen Überlegungen des

---

49 Karen Barad rekonzeptualisiert Ontologie als ›Onto-Epistemologie‹, in Hinblick auf die Hervorbringung ›situierten Wissens‹ sogar als ›Ethiko-Onto-Epistemologie‹. Sie geht, ebenso wie Whitehead davon aus, dass Ontologie und Epistemologie nicht zu trennen sind. Mit Roy Bhaskar kann argumentiert werden, dass erkenntnistheoretische Annahmen immer auch auf Annahmen über die allgemeine Struktur der zu erkennenden Gegenstände bezogen sind. In diesem Sinne können Fragen der Ontologie nicht einfach beiseitegelegt werden beziehungsweise sind nicht einfach auf Fragen der Epistemologie, die nebenbei bemerkt ihrem klassischen Verständnis nach allein im Bereich des Menschlichen verankert ist, reduzierbar – Bhaskar spricht in diesem Zusammenhang von einer »epistemic fallacy« (Bhaskar 2008: 36ff.). Mit Whitehead könnte darüber hinaus argumentiert werden, dass die systematisch-theoretische Trennung von Ontologie und Epistemologie zum dem führt, was er die »Bifurkation der Natur« nennt. Vgl. dazu Kap. 4 *Die Bifurkation der Natur als ›implizite Metaphysik der Moderne‹*. Zu Whiteheads Metaphysik wie zu seinem Metaphysikverständnis vgl. Kap. 4 *Eine andere Metaphysik, ein anderes Metaphysikverständnis*.

50 Über den negativen Standpunkt, der oftmals Teil (klassisch) kritischen Denkens ist (Adorno/Horkheimer), hinauszugehen, um einerseits nicht der politischen Ohnmacht zu verfallen und andererseits politische, ethische wie theoretische Alternativen und Perspektiven zu eröffnen, scheint mir ein wichtiges Anliegen von Haraway und Braidotti zu sein. Bei der theoretischen Konstruktion ›abenteuerlustig‹ zu sein, ist ebenso integraler Bestandteil des Whitehead'schen Denkens. Vgl. dazu Kap. 4 *Eine andere Metaphysik, ein anderes Metaphysikverständnis*.

Quantenphysikers Niels Bohr und speziell seiner Feststellung, dass es keine ursprüngliche Subjekt-Objekt-Spaltung gibt, sondern vor einem bestimmten, raumzeitlich verortbaren Einschnitt[51] Unbestimmtheit herrscht. Erst durch die agentielle Praktik der Messung wird diese Unbestimmtheit aufgelöst.[52] Dies bedeutet, dass Subjekt und Objekt zunächst in einem Gesamtphänomen zusammengefasst sind und Differenzen und Bestimmtheit lediglich punktuell, wenn auch kontinuierlich entstehen.[53] Donna Haraway wiederum sucht dualistisches Denken unter anderem mit den Mitteln der Diffraktion, Ironie, Bedeutungsverschiebung wie Bedeutungsneuzusammensetzung als auch mithilfe so unterschiedlicher Figurationen wie dem ›Trickster‹ oder der ›Cyborg‹ zu überwinden: als ›materiell-semiotische Knoten‹ und ›*naturecultures*‹ konzeptualisiert, unterlaufen sie subversiv binär-hierarchisierende Logiken. Qua ›materiell-semiotische Knoten‹ verweisen Figurationen auf die Ko-Konstitution beziehungsweise die Untrennbarkeit von Materialität und Bedeutung. Die Figuration markiert den ›Ort‹, an dem das Biologische und Literarische »mit der ganzen Kraft gelebter Realität« aufeinandertreffen. Figurationen sind also stets situiert und insofern will Haraway sie auch nicht als Repräsentationen im Sinne einer universellen Wahrheit/Falschheit oder aber auch als didaktisches Mittel verstanden wissen.[54] Vielmehr sind Figurationen für Haraway in erster Linie ein Weg, andere Geschichten zu erzählen.[55]

Zusätzlich impliziert die Kontextgebundenheit beziehungsweise Situiertheit als auch die Beschränktheit wie Prozesshaftigkeit von Wissen und ›Wahrheit‹ eine radikale körperliche Abhängigkeit oder »Materialität des Denkens« (Herbrechter 2009) und bricht in

---

51 Barad nennt diesen Einschnitt ›agential cut‹, dem sie den ›cartesian cut‹, als Vorentscheidung über das, was Subjekt und Objekt ist, entgegenstellt.

52 Dies bedeutet jedoch nicht, dass Messungen ›Verunreinigungen‹ darstellen oder rein subjektiv und willkürlich oder aber ein Akt intentional handelnder Subjekte sind. Vielmehr handelt es sich bei Messungen um vielschichtig verschränkte Praktiken von menschlichen und nichtmenschlichen Akteur*innen.

53 Dies ist ebenso bei Whitehead der Fall. Vgl. Kap. 5 *Subjekte als relational-prozessuale Erfahrungsereignisse*.

54 Vgl. Haraway 2008: 4.

55 Vgl. hierzu auch Kap. 3 *Feministische Grundlegungen*.

diesem Sinne mit jeder Vorstellung von idealistisch gedachter Transzendenz. Das universelle wie jeder Körperlichkeit entbundene Subjekt des Humanismus sowie das damit einhergehende modernistische Wahrheitsprinzip des (naiven) erkenntnistheoretischen Realismus, der gleichsam eines »göttlichen Tricks« vorgibt, »alles von nirgendwo aus sehen zu können« (Haraway 1995: 82) erfahren damit eine Zurückweisung. Die Annahme, dass Wirklichkeit oder Wahrheit objektiv, wertfrei, jederzeit und für jeden gleichermaßen repräsentiert werden kann, ist aus kritisch posthumanistischer Sicht Produkt einer ganz bestimmten Perspektive, die über ihre eigenen konstitutionellen Ausschlüsse wiederum selbst historisch und sozial situiert ist, dies aber (systematisch) leugnet und ausblendet.[56] Kritischer Posthumanismus impliziert deshalb aber noch lange keinen einfachen Relativismus. Vielmehr postuliert er, mit Deleuze und Guattari, »keine Relativität des Wahren, sondern im Gegenteil eine Wahrheit des Relativen« (Deleuze/Guattari 2000: 151).

Aber auch am erkenntnistheoretischen Konstruktivismus, dem zweifelsohne das Verdienst zukommt, Wissenschaft zu entmystifizieren und soziale Ungleichheiten zu denaturalisieren, kann im Sinne des kritischen Posthumanismus nicht mehr unbedarft festgehalten werden, da er ausschließlich auf das Soziale, Gesellschaftliche oder Diskursive als Konstruktionsinstanz fokussiert. Er hält in seiner schwachen Variante implizit am Gegensatz zwischen dem Gegebenen (Körper/Natur) und dem Konstruierten (Geist/Kultur) fest und führt in seiner radikalen Version zu einer Entmaterialisierung von Natur, Körper und Materie, indem er der Kultur und der Sprache stets den Vorrang einräumt. Kritische Posthumanist*innen versuchen im Gegensatz dazu aufzuzeigen, dass weder Welt, noch Wissen, noch Praxis in Subjektivität und Objektivität zerlegt werden können; sie gehen davon aus, dass sie so mit-

56 Whiteheads Bifurkationsthese spricht genau dieses Problem an und wirft ein Schlaglicht auf jene impliziten wie geleugneten Voraussetzungen. Vgl. hierzu Kap. 4 *Die Bifurkation der Natur als ›implizite Metaphysik der Moderne‹*.

einander verbunden sind, dass Semiotik und Materialität gleichermaßen ›realitätsbildend‹ sind, so miteinander verflochten sind, dass sie sich einer Unterscheidung widersetzen.

3. Rosi Braidottis Konzeption einer feministisch-nomadischen Subjektivität

»[The nomad] is [...] a figuration for the kind of subject who has relinquished all idea, desire, or nostalgia for fixity. It expresses the desire for an identity made of transitions, successive shifts, and coordinated changes without an essential unity. The nomadic subject, however, is not altogether devoid of unity: his mode is one of definite, seasonal patterns of movement through rather fixed routes. It is a cohesion engendered by repetitious, cyclical moves, rhythmic displacements.«
(Rosi Braidotti 2011: 57f.)

Visionäre Verortungen

In ihrem erstmals 1994 erschienenen und 2011[57] erneut aufgelegten, überarbeiteten und erweiterten Buch *Nomadic Subjects: Embodiment and Sexual Difference in Contemporary Feminist Theory*[58] (NS) skizziert und verfolgt die Feministin, Philosophin und Gender-Theoretikerin Rosi Braidotti in kritisch posthumanistischer Absicht das politisch-theoretische »Projekt eines feministischen Nomadismus« (NS 21).[59] Dieses Vorhaben besteht in dem Entwurf einer

57 Falls nicht anders vermerkt (NS 1994), wird im Folgenden stets die zweite Ausgabe zitiert. Abgesehen von zwei entfernten und zwei neu verfassten Essays, unterscheiden sich die beiden Ausgaben hinsichtlich des Stils und kleinerer Formulierungen sowie anders angeordneter beziehungsweise teilweise komprimierter Kapitel.

58 Fast zwanzig Jahre nach Erscheinen der ersten Ausgabe versteht Braidotti ihr Buch als Teil einer Trilogie von miteinander verflochtenen und doch für sich selbst stehenden Büchern zum Themenkomplex nomadische Subjektivität. Zu Beginn stehen die theoretischen Grundlagen schaffenden Bücher *Patterns of Dissonance* (1991) und *Nomadic Subjects* (1994), aus denen sich später zwei weitere Bände ergeben: Während *Metamorphoses* (2002) die Kulturpolitik des nomadischen Zustands (»*nomadic condition*«) untersucht, ist *Transpositions* (2006) mit dessen ethischen Implikationen befasst (NS 12).

59 Sie bezeichnet ihr Vorhaben unter anderem auch als »nomadisch, ethisch-politisches Projekt« (PA 21), »critical nomadic project« (NS 38), »nomadic subject project« (NS 7) beziehungsweise in der Ausgabe von 1994 auch als »postmodern nomadic feminism« (NS 1994: 34).

materialistischen Philosophie des Werdens, einer posthumanistischen »Politik der Affirmation« und einer Ethik der Nachhaltigkeit. Ihr an Gilles Deleuzes und Félix Guattaris Konzept einer »Nomadologie« beziehungsweise eines »Nomaden-Denkens«[60] sowie an Luce Irigarays Theorie beziehungsweise Ethik der sexuellen Differenz[61] angelehntes Projekt beinhaltet überdies – und Braidotti zufolge notwendigerweise – die Konzeption *als auch* Vision eines nicht-unitären, d.h. vielschichtigen, relational-prozessualen, dynamischen – also auch posthumanistischen – »feministischen nomadischen Subjekts« (NS 38), das der schizophrenen Logik des fortgeschrittenen Kapitalismus im Zeitalter der Postmoderne sowohl entsprechen als auch gewachsen sein soll sowie diesem darüber hinaus etwas entgegenzusetzen vermag. Ihr Projekt, so Braidotti, ist darum nicht nur ein politisch-ethisches, sondern ebenso ein pragmatistisches: »[We] need schemes of thought and figurations that enable us to account in empowering and positive terms for the changes and transformations currently on the way.« (TR 31)[62]

---

60 Deleuze stellt das ›Nomaden-Denken‹ zunächst ohne Guattari im Rahmen des gleichnamigen Vortrags auf einer Nietzsche-Konferenz 1972 in Cerisly-la-Salle vor. 1972 ist auch das Jahr der Veröffentlichung von *Anti-Ödipus*. In gedruckter Form erscheint der Vortrag »*Pensée nomade*« 1973. Schließlich widmen Deleuze und Guattari der Nomadologie in den *Tausend Plateaus* (1980) ein ganzes »Plateau« (vgl. Deleuze/Guattari 1992).

61 Die feministische Philosophin, Linguistin, Kulturtheoretikerin und Psychoanalytikerin Luce Irigaray sucht die Frage der sexuellen Differenz von der universalisierenden und hierarchisierenden ›Logik desselben‹ (›*logic of the Same*‹) beziehungsweise des Phallogozentrismus der standardisierten, männlichen Subjektposition abzulösen, insofern jene dialektische Sicht auf sexuelle Differenz ›die Frau‹ (*Woman*) stets bloß als das ›Andere desselben‹ (›*the other of the Same*‹) bestimmt. Unter Bezugnahme auf Irigarays Strategie der ›Mimesis‹ zur Wideraneignung und Reformulierung weiblicher Subjektivität, unternimmt Braidotti mit ihrem Entwurf einer ›Politik der Affirmation‹ den Versuch, Differenz und Alterität positiv beziehungsweise Differenz als Positivität zu theoretisieren (vgl. hierzu beispielsweise *Transpositions*, 2006).

62 Oder auch: »*The ongoing processes of transformation require alternative figurations to express the kind of internally contradictory multifaceted subjects we have become.*« (NT 13)

Braidotti führt ihre eigene Biographie als Beispiel für eine nomadische Subjektposition an: Mehrsprachig und in verschiedenen Kulturen aufgewachsen, versteht sie sich selbst als ein aus multiplen Verflechtungen hervorgegangenes Mischwesen, das keine bestimmte ethnisch-kulturelle Herkunft beansprucht; ähnlich nomadischer Völker, so Braidotti, identifiziert sie sich viel weniger mit einem bestimmten Ort als mit ihren vielfältigen Lebensstationen.[63] Als existentielle Bedingung wie theoretische Entscheidung »übersetzt« sich ihr Nomadismus darüber hinaus »in einen Denkstil« und eine bestimmte »Beziehung zum Schreiben« (NS 21f.). Derart will sie ihr figuratives und teilweise autobiographisches Philosophieren sowohl dem Nomadismus entsprungen als auch diesem verpflichtet verstanden wissen. Wie sie selbst würden auch ihre Bücher und Essays keine Grenzen und daher auch »keine Muttersprache, lediglich eine Reihe von Übersetzungen, Verschiebungen, von Anpassungen an unterschiedliche Bedingungen« (NS 21) kennen. In diesem Sinne erzeugen ihre (vielfach ausschließlich von Fremdsprache zu Fremdsprache übersetzten) Texte absichtlich keine Einheit, sondern stattdessen »eine Serie von Assemblagen oder Kombinationen, die jedem Original trotzen« (NS 21). Nomadisches Denken ›kultiviert‹ dementsprechend auch eine »gesunde Respektlosigkeit« (NS 24) gegenüber akademischen und intellektuellen Gepflogenheiten und befreit (sich) auf diese Weise auch von institutionalisierten Denkgewohnheiten wie normativen Vorstellungen über Theoriebildung selbst.

Braidotti zufolge betrifft die nomadische Subjektposition aber weitaus mehr als ihre eigene. Denn einerseits sei jede Identität, ob individuell oder kollektiv, immer als ein Hybrid, ein Produkt einer Verflechtung konkreter, vielfältiger und daher komplexer Einflüsse zu verstehen; und andererseits, so Braidotti, sei zu Beginn des dritten Jahrtausends und in Zeiten der globalisierten Ökonomie die

---

63 1954 in Nordostitalien geboren, zog sie sechzehnjährig mit ihrer Familie nach Melbourne, Australien. Später studierte und arbeitete sie in vielen verschiedenen Ländern. Sie spricht mehrere Sprachen fließend.

widersprüchliche nomadische (Subjekt-)Verfassung zu *der* Existenzweise schlechthin, zum Normalzustand für das Gros der Weltbevölkerung avanciert:

> [...] the nomadic predicament and its multiple contradictions have truly come of age. At the start of the third millennium, a diffuse sort of nomadism has become a relevant condition for a great deal of the world's denizens. (NS 3)

Gegen den nicht selten vorgebrachten Einwand, die im Begriff der nomadischen Subjektivität enthaltenen Verallgemeinerungen würden den (Klassen-)Antagonismus, der sich hinter den schwer wiegenden Differenzen zwischen eine*r die Welt bereisenden Akademiker*in und eine*r Geflüchteten verbirgt, nivellieren oder gar verschleiern,[64] insistiert Braidotti immer wieder aufs Neue, zwischen

---

[64] So bemerkt Slavoj Žižek fast zynisch: »*The problem with ›abstract‹ universal terms like hybridity and nomadic subjectivity is that they tend to iron out, to render invisible, the antagonism that cuts across their content: when hybridity covers the globetrotting academic as well as the refugee from a wartorn country, it does something similar to obfuscating the gap that separates starving from dieting.*« (Žižek 2006: 390, Fn. 25) Davon abgesehen, dass Braidotti die Unterschiede zwischen verschiedenen Formen der Mobilität genau benennt, wendet sie ihre Theorie auf konkrete gesellschaftliche Phänomene an (vgl. ihr Buch *Nomadic Theory*, 2011). Ihr Projekt sucht dasjenige beim Namen zu nennen, was eine gewisse Form der aktuellen Ausprägung des Kapitalismus maßgeblich mitbestimmt, nämlich Mobilität und Flexibilität. Gerade in Zeiten wie diesen, in denen so viele Menschen wie nie zuvor auf der Flucht sind (Ende 2018 waren es laut UNHCR 70,8 Millionen) und die globalisierte Ökonomie maßgeblich durch Beweglichkeit und Anpassungsfähigkeit gekennzeichnet ist, haben ihre theoretischen Positionen und Analysen nur an Aktualität gewonnen. Und auch wenn, oder gerade weil, die (sozioökonomischen) Bedingungen unserer Zeit selbstverständlich nicht jede Person beziehungsweise Personengruppe in gleicher Weise wie in gleichem Ausmaß betreffen – entgegen Žižeks Unterstellung wird Braidotti nicht müde, dies herauszustellen, nämlich auch (aber, im Gegensatz zu Žižek eben nicht nur) entlang dem für Žižek wohl einzig geltenden Antagonismus, dem Antagonismus der Klassen –, versucht Braidotti mit ihrer Bestimmung zeitgenössischer Subjektivität als nomadisch das Verbindende, die Kontinuitäten zwischen scheinbar konträren Subjektpositionen herauszustellen, indem sie sie gleichermaßen als Produkt der schizophrenen Logik des gegenwärtigen Kapitalismus beschreibt wie untersucht. In diesem Sinne erfüllt sie ironischerweise genau das, was Žižek einfordert: »*[...] it is much more crucial to focus on what* remains the same *in this global fluidity and reflexivity, on what serves as the very motor of this fluidity*« (Žižek 1999: 354).

den unterschiedlichen Mobilitätsmodi wie auch Zugängen zu Mobilität zu differenzieren – »within globalization we must distinguish between different modes of mobility« (NS 7, vgl. auch NT 247).[65] Sie wird daher auch nicht müde, die verheerenden Folgen (wie Vertreibung und Enteignung) eines auf globalen Ausbeutungs- und Unterdrückungsverhältnissen basierenden »profitorientierten, perversen Nomadismus« (NT 17) für die ohnehin Subalternen herauszustellen: »The ›disposable‹ bodies of women, youth, and others who are racialized or marked off by age, gender, sexuality, and income, reduced to marginality, come to be inscribed with particular violence in this regime of power.« (NS 6) Es koexistiert, wie sie in ihrem ebenfalls 2011 erschienen Essayband *Nomadic*

Und indem Žižek allein »die unerbittliche Logik des Kapitals« (ebd.) ›als Motor‹ anerkennt, ist er im Gegensatz zu Braidotti mit ihrer Figuration der Nomad*in nicht imstande, das Zusammenspiel verschiedener Unterdrückungsmechanismen und -achsen, d.h. Intersektionalität zu verstehen und begrifflich einzufangen. Mehr noch, weil er Unterwerfung *allein* an die ökonomische Frage bindet, müssen alle anderen Unterdrückungsverhältnisse auf Nebenwidersprüche reduziert werden. Aus diesem Grund sollte sich Žižek auch zurückhalten, über Geflüchtete zu fabulieren; mit seinem veralteten, orthodoxen Begriffsapparat kann er der Komplexität der Sache nicht gerecht werden und befeuert damit – und mit seinen öffentlichen Stellungnahmen – fatalerweise den ohnehin reaktionär-bürokratischen und rassistischen Alltagsdiskurs der Mehrheitsgesellschaft (allein der Titel seines im Mai 2016 erschienen Buches *Against the Double Blackmail: Refugees, Terror and Other Troubles with the Neighbours* spricht für sich, vgl. auch ein TV-Interview mit Aljazeera vom 03.12.2016 sowie zahlreiche andere Artikel und Interviews in diversen Print- und Onlinemedien). Darüber hinaus ist er, was seine eigene Situierung als ›globetrotting academic‹, weiß, männlich etc. betrifft, äußerst unreflektiert (und das nicht nur verglichen mit Braidotti). Dass und inwiefern die Subjektposition aber eine gewichtige Rolle bei der Wissensproduktion spielt, hat Haraway in ihrem Essay *Situiertes Wissen* (1995: 73–97) aufgezeigt. Und zu guter Letzt übersieht Žižek eine Gefahr: Die Romantisierung einer prekären Subjektposition als ›Ort‹ der Widerständigkeit. Eine Gefahr, die sowohl mit der Vision einer nomadischen Subjektivität, aber eben auch mit dem klassisch marxistischen Subjekt der Befreiung, dem Proletariat verbunden ist.

65 In diesem Zusammenhang zitiert Braidotti die Wissenschaftlerin, Aktivistin und Trägerin des Alternativen Nobelpreises Vandana Shiva: »›*One group is mobile on a world scale, with no country, no home, but the whole world as its property the other has lost even the mobility within rootedness lives in refugee camps, resettlement colonies and reserves.*‹« (NS 7)

Theory: The Portable Rosi Braidotti[66] festhält, »eine globale Ideologie vermeintlich freier Mobilität neben starren Grenzen sowie steigender Diskriminierung und Ausgrenzung multipler ›entsorgbarer‹ Anderer" (NT 18). Gerade aber deshalb stellen Braidotti zufolge, »übersetzt in die Sprache des philosophischen Nomadismus, die *Global City* und das Flüchtlingscamp keine dialektischen oder moralischen Gegensätze [dar]: Sie sind zwei Seiten derselben globalen Münze. In ihnen drückt sich die schizoide politische Ökonomie unserer Zeit aus.« (NS 6 beziehungsweise NT 247)[67] Der analytische Mehrwert der Figuration der Nomad*in liegt für Braidotti genau in dieser Spannung:

> Insofar as axes of differentiation like class, race, ethnicity, gender, age and others intersect and interact with each other in the constitution of subjectivity, the notion of nomad refers to the simultaneous occurrence of many of these at once. (NS 25)

In sozioökonomischer Hinsicht impliziert dieser die globale Netzwerkgesellschaft beherrschende hypermobile Kapitalismus die Flexibilisierung der Arbeit, die nicht nur befristete und unterbezahlte Arbeitsverhältnisse mit sich bringt, sondern darüber hinaus zu transnationalen Migrationsflüssen, extremer Prekarität und sozialer Instabilität führt.[68]

---

66 *Nomadic Theory* bildet den Begleiter zu *Nomadic Subjects*. Es stellt, so Braidotti, in gewisser Weise die Anwendung der in *Nomadic Subjects* ausgearbeiteten Prämissen dar. Wiederum versteht sie die beiden Bücher als miteinander verzahnt und aufeinander aufbauend, und doch auch voneinander unabhängig und für sich selbst stehend: »*Being single and multiple, independent and interconnected,* Nomadic Subjects *and* Nomadic Theory *form a complex singularity or a nondualistic assemblage. They frame and actualize a nomadology that instills movement and mobility at the heart of thinking.*« (NT 1)

67 Mehr noch, sie sieht im fortgeschrittenen, postindustriellen Kapitalismus *selbst* »den großen Nomaden par excellence, angetrieben von der Mobilität der Waren, Daten und Gelder zugunsten von Profit und Kommodifizierung« (NT 17). Handelsgüter und Daten zirkulieren mit Blick auf die eingeschränkte Bewegungsfreiheit von Asylwerber*innen und Sans-Papiers denn auch viel freier als die meisten menschlichen Subjekte.

68 Diese Hypermobilität der Informationsgesellschaften geht darüber hinaus mit der lediglich profitorientierten Vervielfältigung und Kommerzialisierung von ethnischen beziehungsweise kulturellen Differenzen einher: Quantifiziert und als ›world music‹, fusion cuisine‹ oder ›black looks‹

Angesichts dieser paradoxen und komplexen Entwicklungen fordert Braidotti dazu auf, neue und transdisziplinäre Analysewerkzeuge zu erarbeiten, welche der Fluidität und Widersprüchlichkeit, aber auch der Brutalität des fortgeschrittenen Kapitalismus wie unserer hybriden, nomadischen, kontradiktorischen Subjektverfassung Rechnung tragen und diese im Rahmen qualitativer Untersuchungen mit »kartographischer Genauigkeit« erfassen.[69] Zugleich insistiert sie, nicht auf das kreative Potential, nicht auf die neuen Formen des politischen Widerstands, die sich mit und aus den gegenwärtigen Verhältnissen und Widersprüchen ergeben (können) zu vergessen.[70] Ihr theoretisches Unternehmen einer nomadischen Philosophie sucht denn auch diesen Ansprüchen gerecht zu werden:

> My practice of nomadic theory aims at cartographic accuracy, at providing qualitative analyses of the present that are in tune with the times but also

---

etikettiert, werden Unterschiede im ›globalen Multikulturalismus‹ zum Zweck der einfachen Konsumierbarkeit lediglich als leichte Kost auf dem »modischen Markt der Diversität« serviert. Die grundlegenden ethnisierten beziehungsweise kulturalisierten Machtbeziehungen werden durch diese Akkumulationen aber weder verlagert noch herausgefordert, sondern lediglich weiter zementiert. In Braidottis Worten: »*A commodified form of pluralism is the capitalist brand of pseudo nomadism that proliferates today. [...] [T]he differences proliferating in advanced capitalism are the ›others of the Same‹. As such they are still caught in an oppositional logic of negativity. [...] [T]hese differences are not qualitative but rather quantitative, and as such they do not alter the reactive power of the majority as the phallo-Eurocentric master code.*« (NS 6)

69 Die zeitgenössische Kulturkritik wie die institutionelle Philosophie sind Braidotti zufolge nicht in der Lage, diese Realitäten adäquat abzubilden (vgl. TR 31): »*We live in permanent processes of transition, hybridization, and nomadization. And these in-between states and stages defy the established modes of theoretical representation, precisely because they are zigzagging, not linear and process oriented, not concept driven.*« (NT 217)

70 Braidotti bewertet die ›postmoderne Krise des Subjekts‹ daher auch nicht notwendigerweise negativ, sondern als Möglichkeit, emanzipative Transformationsprozesse anzustoßen, hängt doch die Beurteilung einer historischen Situation nicht zuletzt von der jeweiligen Subjektposition ab: »*[T]he historical contradiction a feminist poststructralist is caught in, is that the very features perceived by dominant subjects as factors of a ›crisis‹ of values are for me the opening up of new possibilities.* Mors tua vita mea*: the same historical conditions that can alternately be perceived as positive or negative depending on one's location.*« (NS 23)

> adequately account for the brutality and the violence of our times as well as for their creative potential. (NT 18)

Um das emanzipative Potential nomadischer Subjektivität zu aktivieren, bedarf es der Zurückweisung des universalisierenden, essentialisierenden wie ›di/vidualisierenden‹ Subjekts der neoliberalen Kontrollgesellschaften.[71] Eine progressive ›Politik der Affirmation‹ wie eine nachhaltige Ethik verlangt daher nach einer visionären Konzeption einer nicht-unitären, d.h. »nomadischen, zerstreuten, fragmentarisierten [Subjektivität], die gleichwohl funktional, kohärent und verantwortungsbewusst ist« (TR 4). Dieses Subjekt muss und kann Braidotti zufolge letztlich nur als ein der Welt immanentes, d.h. situiertes und verkörpertes begriffen werden: »I call this the new materialism of posthumanistic subjects who are embedded, embodied, accountable but not unitary.« (NT 254) Jene materialistische Grundlegung findet Braidotti in der Praxis und Theorie des Feminismus.

Feministische Grundlegungen

Wie bereits erwähnt, stellt in jener paradoxen historischen Situation, in der die Ideologie der Bewegungsfreiheit neben der Realität der Immobilität und Ausgrenzung der Mehrheit der Bevölkerung steht, die nomadisch-mobile Konzeption von Subjektivität für Braidotti »die *adäquateste* theoretische Figuration zeitgenössischer

---

[71] Stark verkürzt gesagt liegt in den »Kontrollgesellschaften« (Deleuze 1993: 254ff.) – ein Begriff, den Deleuze als Weiterentwicklung beziehungsweise Aktualisierung des Foucault'schen Konzepts der ›Disziplinargesellschaften‹ vorschlägt – der Fokus nicht auf dem Individuellen, sondern auf dem ›Dividuellen‹. Dabei werden Körper in diskrete Pakete zerteilt beziehungsweise ›dividuiert‹ und über ihre Teile kontrollier- und konsumierbar. Anschaulich wird dieses Konzept beispielsweise in der aktuellen Verwendung von Biodatenbanken oder auch *Big Data Marketing*; hier geht es nicht um einzelne Individuen, sondern vielmehr um Durchschnitte und Teilmengen: »*Die Individuen sind* ›dividuell‹ *geworden, und die Massen Stichproben, Daten, Märkte oder* ›Banken‹.« (Deleuze 1993: 258). Diese Kommodifizierung erzeugt daher aktiv Konformität und Gleichförmigkeit. Zur genauen Begriffsgeschichte und einer Aktualisierung des Dividuenbegriffs vgl. Raunig 2015.

Subjektivität« (NS 22, Hervorh. I.A.) dar.[72] Diese will sie jedoch keinesfalls als bloße oder gar universell geltende Metapher verstanden wissen;[73] *als* Figuration[74] dient der Begriff vielmehr der »materialistischen Kartierung (*materialistic mappings*) situierter, d.h. eingebetteter (*embedded*) und verkörperter (*embodied*) gesellschaftlicher Positionen« (NS 4), der sich darüber hinaus etablierten theoretischen Repräsentationsmodi widersetzt. Indem Figurationen damit verschiedene sozioökonomische und symbolische Subjektpositionen ausweisen und als solche Machtbeziehungen kartieren,[75] erlauben sie zugleich, »mögliche Orte und Strategien des Widerstands« (NT 14) zu ermitteln.

> A cartography is a theoretically based and politically informed reading of the process of power relations. It fulfills the function of providing both exegetical tools and creative theoretical alternatives, so as to assess the impact of material and discursive conditions upon our embodied and embedded subjectivity. (NT 4)

---

72 »*[...] [I]deas of identity as multiple, mobile, and nomadic are by now the most accurate way to describe our historical condition.*« (NT 254)

73 »*The figuration of nomadic subjects, however, should never be taken as a new universal metaphor for the human or posthuman condition.*« (NT 14)

74 Figurationen basieren auf der feministischen Methode der ›politics of location‹ und integrieren diese in eine diskursive Strategie (vgl. NT 13). Zunächst entwickelt, um der Verschiedenheit von Frauen innerhalb der Kategorie der sexuellen Differenz gerecht zu werden – Braidotti bezieht sich in diesem Zusammenhang auf Adrienne Rich, die 1984 auf einer feministischen Konferenz in den Niederlanden die epistemologische wie politische Strategie der ›politics of location‹ erstmals vorstellte (vgl. NT 216) – wurde die Frage der Verortung beziehungsweise des Verortet-Seins etwas später zum wesentlichen Element feministischer situierter Epistemologien (vgl. Haraways Essay *Situiertes Wissen*, 1995 [1988]: 73–97).

75 Das Erstellen von ›Kartographien der Macht‹ – Braidotti bezieht sich hier auf Michel Foucault – ist für Braidotti wesentlicher Teil des antiessentialistischen wie antiuniversalistischen nomadischen Denkens – »*[nomadic cartographies] are strucurally opposed to fixity*« (NS 65). Zugleich scheint sie auch an Deleuzes und Guattaris »Prinzip der Kartographie« (vgl. Deleuze/Guattari 1992: 23ff.) zu denken, denn auch für Braidotti ist die Karte »ganz und gar auf ein Experimentieren als Eingriff in die Wirklichkeit orientiert« (Deleuze/Guattari 1992: 23f.).

In kritisch posthumanistischer Absicht sucht Braidotti daher mit ihrer nomadischen Konzeption des Subjekts ebenso eine epistemologische wie politische »Kritik der vorherrschenden Auffassungen von Subjektivität, Identität und Wissen« zu leisten und zwar um »Fluchtlinien, d.h. einen kreativen, alternativen Raum des Werdens« (NS 7) auszumachen, der quer zu dualistischen Kategorien wie mobil/immobil, ansässig/fremd steht. Ihre Figuration der Nomad*in erlaubt es ihr also nicht nur, genaue ›Kartographien der Macht‹ zu erstellen, sondern darüber hinaus etablierte Subjektpositionen zu durchkreuzen sowie progressive Politiken zu befördern. Die Methodik, die ein solches Vorhaben stützt, hat Braidotti zufolge ihren Ursprung in den »feministischen Politiken des Ortes und der Figurationen« (NS 8), insofern die feministische Anstrengung um eine Rekonzeptualisierung des (weiblichen) Subjekts auf der primär körperlichen Verankerung desselben insistiert – »[t]he first and foremost of locations in reality is one's own embodiment« (Braidotti 1994: 161) – und damit die traditionelle, phallogozentrische Auffassung des Subjekts als universell und neutral, und das heißt auch ungeschlechtlich, klassenlos, frei von Ethnie etc. aufs Schärfste zurückweist. Das ›positionale‹ oder situierte Subjektverständnis steht damit nicht nur für Antiessentialismus und Antiuniversalismus, sondern auch für die radikale Materialität des Subjekts, für dessen radikale körperliche Abhängigkeit. Der Körper wird dabei aber weder als rein biologische noch rein soziologische Kategorie begriffen, sondern als mit multiplen Markierungen versehene (Alter, Geschlecht, Klasse, Ethnie etc.) »Schnittstelle zwischen dem Physischen, Symbolischen und den materiell gesellschaftlichen Bedingungen«[76] (Braidotti 1994: 161). Insofern stellt der Körper auch weder etwas rein natürlich Gegebenes noch eine unveränderliche Substanz, sondern einen vielschichtig-komplexen, dynamischen und offenen Prozess des Werdens dar. Er wird damit in der feministischen Theoriebildung zum unumgänglichen ›Ort‹ politischer Veränderung.

---

76 Das Symbolische möchte Braidotti in einem »post-Lacan'schen Sinn« verstanden wissen, in welchem »Sprache die elementaren Strukturen einer gegebenen Kultur einkapselt« (Braidotti 1994: 183, Fn. 9)

Wie erwähnt setzt Braidotti Figurationen als kartographische Methode ein, um die vielfachen Differenzen innerhalb einer jeden Subjektkategorie (z.B. Frauen, Feminist*innen, Schwule) zu erfassen sowie die multiplen Machtstellungen und -beziehungen offenzulegen, die unweigerlich mit (kollektiven) Subjektpositionen verbunden sind. Dabei stellt die Anerkennung und das Sichtbarmachen der eigenen Subjektposition, also auch der eigenen Verstrickung in diverse Machtbeziehungen, die Ausgangsbasis der ›Politik des Ortes‹ beziehungsweise einer ›politischen Subjektivität‹ dar: »Acknowledging one's participation in and sharing of locations of power is the starting point for the cartographic method, also known in feminism as the politics of location.« (NT 77) Die ›Politik des Ortes‹ kombiniert in diesem Sinne »epistemologische mit politischer Verantwortlichkeit« (NS 15): Sie benennt das, was zumeist verdeckt und dennoch Voraussetzung jeder Äußerung und damit bestimmend bleibt, nämlich aus welcher Position gesprochen wird. Feministische Figurationen sind demnach nicht nur »Kartographien der Gegenwart" (Braidotti 2013c: 30), sondern dienen im Sinne von Mythologien oder Fiktionen darüber hinaus dazu, Bilder und Repräsentationen für das zu schaffen, was per se nicht innerhalb des phallogozentrischen Diskurses dargestellt werden kann. Inhärent politisch, sind Figurationen daher sowohl ein kritisch-negatives Instrument zur Dekonstruktion phallogozentrischen Wissens und stellen als Analysewerkzeuge Methoden und Theorien außerhalb dualistischer, androzentrischer Denkschemata bereit; zusätzlich aber befördern sie eine positiv-affirmative Politik, die zum Handeln wie lustvollen Experimentieren »mit den verschiedenen Möglichkeiten der Subjektbildung und den Weisen, unsere Körperlichkeit zu bewohnen« (PA 21), auffordert – Haraways Figuration der Cyborg steht beispielhaft für eine solche politische Praxis: »The cyborg is our ontology; it gives us our politics.« (Haraway 2001: 8)

Als politische Strategie soll die ›Politik des Ortes‹ zudem ›deterritorialisieren‹, vom Bekannten und Gewohnten entfremden und so zu mehr Selbstreflexivität und -kritik führen. ›Verkörperte‹ Darstellungen modifizieren beziehungsweise korrigieren dahingehend auch Wissen: »[B]lack women's texts and experiences make white women see the limitations of our locations, truths, and discourses.«

(NS 16) Als »epistemic detox cure« (NS 16) befördert die ›Politik des Ortes‹ Braidotti zufolge gerade keinen erkenntnistheoretischen wie moralischen Relativismus, sondern steht für radikale Immanenz, für »materialistische regroundings« (NS 17), für eine »bodily philosophy of relations« (NT 147).[77]

Nomadische Subjektivität, nomadische Ethik und die »Politik der Affirmation«

Wie bereits erwähnt, stellt die primäre Figuration für Braidottis Theorie der postmodernen, menschlichen Subjektivität die Nomad*in dar. Insbesondere von Deleuze beeinflusst, sucht Braidotti mit der Nomad*in ein Subjektverständnis zu begründen, das nicht über bestimmte Grenzen definiert ist, sondern sich zwischen ihnen bewegt. Bewegung und Grenzüberschreitungen – »the intense desire to go on trespassing, transgressing« (NS 66) – sind die bestimmenden Modi, die ethischen Imperative einer »nomadischen oder rhizomatischen Subjektivität« (Braidotti 2008: 27). Das nomadische Subjekt ist in diesem Sinne auch eines, das sich durch seine sich fortwährend verändernde Umwelt (Klima, Technologie, Sprache, Medien etc.) und seine eigene Transformationsfähigkeit konstituiert. Es lässt sich daher auf keine permanente Subjektposition oder Identität festschreiben[78] und lehnt Essentialismen und

---

77 *»[T]he multiplicity of locations and the forms of knowledge claims, self-reflexivity, and defamiliarization from the obvious they [the politics of location] entail, are a powerful antidote to the risk of relativism.«* (NS 16f.)

78 Nomadismus steht dennoch nicht einfach für Grenzlosigkeit. Weder ignoriert die Nomad*in die vielfältigen Grenzen, innerhalb derer er*sie sich bewegt, noch bleibt er*sie unbeeinflusst von ihnen; im Gegenteil, Grenzen situieren sie*ihn allererst. Schranken sind darüber hinaus »in die verkörperte und eingebettete Subjektstruktur eingelassen« (PA 31) und daher im Rahmen eines positionalen und materialistischen Subjektbegriffs grundsätzlich nicht zu überwinden. Sich seiner*ihrer körperlichen Verankerung bewusst, strebt die Nomad*in auch gar nicht danach, ihre leibliche Einbettung zu überwinden. Im Gegenteil, sie weiß im Sinne eines Ethos der Nachhaltigkeit mit seinen*ihren Kräften hauszuhalten. Von ideologischen Grenzen hingegen lässt sich die Nomad*in nicht beschränken; im Wissen um die Instabilität und oft willkürliche Setzung von Grenzen, ist Entgrenzung und Grenzüberschreitung seine*ihre Devise.

Unitarität ebenso ab wie universalisierende Ansprüche und linear-teleologische Erzählungen. Als ein solch post-identitäres,[79] relationales und verkörpert-situiertes Subjekt, bestimmt sich die Nomad*in durch und über ihre Beziehungen und Bewegungsmuster und nicht über die (romantische) Vorstellung eines substantiellen, unabhängigen Selbst. Mit ihrer nomadisch-rhizomatischen Subjektkonzeption sucht Braidotti daher nicht nur einen nicht-unitären Subjektbegriff zu begründen, sondern zugleich die humanistische Subjektauffassung, welche Subjektivität mit Autonomie und Identität kurzschließt und darüber hinaus an (Selbst-)Bewusstsein und Rationalität sowie allein an den Menschen bindet[80] zu dekonstruieren wie deterritorialisieren. Sie konzeptualisiert Subjektivität im Rahmen ihrer materialistisch-nomadischen Philosophie daher nicht als statisches, unveränderliches und selbstgenügsames Sein, sondern als kontinuierliches Werden (*becoming*), als einen dynamischen, sich mit und durch andere entfaltenden, relationalen Werdensprozess. Subjekte sind kontinuierlich werdende »radikal immanente, intensive Körper« (PA 26), die sich auf vielfältige Weise aufeinander beziehen, sich vernetzen und dadurch konstituieren. Das Subjekt ist damit vielmehr eine Assemblage mit vielfältigen, auch nicht-menschlichen Anderen, als eine selbst-identische, abgeschlossene und ahistorische Einheit. Braidottis nomadisches Subjekt ist insofern ein ›trans-individuelles‹ (TR 41) und kontinuierlich werdendes, welches seine multiplen ›entanglements‹ und ›intra-actions‹ (Barad) anerkennt und danach strebt, den selbstzentrierten (neo-/liberalen) Individualismus zu überwinden und sich auf eine posthumanistische politische Praxis hin zu öffnen:

> A sustainable ethics for a non-unitary subject proposes an enlarged sense of interconnection between self and others, including the non-human or ›earth‹ others, by removing the obstacle of self-centred individualism. (TR 35)

79 Für Braidotti steht Identität neben Essentialismus für Individualismus, Egoismus und Zweckrationalität, bisweilen auch für Paranoia.

80 Vgl. hierzu auch Whiteheads nicht-anthropozentrischen, pluralistischen wie affektiven Subjektbegriff, Kap. 5.

Im Zuge ihres Plädoyers für eine posthumanistische Politik reaffirmiert Braidotti das nicht-menschliche Leben oder die ›Zoë‹, die sie dem menschlichen Leben, dem ›Bios‹ gegenüberstellt, wobei sie die nicht-humane, »affirmative Lebenskraft« beziehungsweise das »affirmative Werden" (Braidotti 2013c: 30) der Zoë präferiert: »Mehr als den Bios, d.h. den politischen Diskurs über das Leben, schätze ich die Zoë, das vitalistische, prehumane und generative Leben« (Braidotti 2009: 113). Während Zoë also klassischerweise auf geistlose Materie reduziert wird, steht Bios für das Menschlich-Diskursive, das intelligente Leben. Jenseits einer dichotomischen Gegenüberstellung von Körper und Geist, reformuliert Braidotti das Leben als ›Bios-Zoë‹, d.h. »als verschlungenes Netz menschlicher und nicht-menschlicher Materie« (PA11) beziehungsweise als »halb tierisch, Zoë (Zoologie, Zoophilie, Zoo), und halb diskursiv, Bios (Bio-logie)« (Braidotti 2009: 125).

Im Rahmen ihrer materialistischen Rekonzeptualisierung des Lebens sucht Braidotti darüber hinaus »das Subjekt neu [zu] definieren [...] und es sowohl vom Humanismus als auch vom Anthropozentrismus ab[zu]rücken« (PA 11).[81] Subjekte sind Braidotti zufolge viel weniger bewusst-rational, als affektiv-begehrend – »[t]he subject is an affective entity«[82] (Braidotti 2012: 176). Dabei konzeptualisiert sie Begehren nicht im psychoanalytisch-negativen Sinne als Mangel, sondern mit Spinoza und Deleuze als positive »Kraft des Werdens« (NT 3). Dementsprechend möchte Braidotti, die hier Spinozas *conatus*-Begriff vor Augen hat, Begehren nicht in erster Linie als ein libidinöses, sondern als ein ontologisches verstanden wissen: als das Streben oder die Veranlagung einer jeden Entität zu werden beziehungsweise (weiter) zu existieren, als »den dynamischen Prozess des Werdens« (PA 30). Das Subjekt ist demnach Braidotti zufolge nicht in einem rationalistisch-idealistischen, sondern in einem materialistisch-vitalistischen Sinne zu begreifen, d.h. als »intensive und dynamische Entität« (PA 26), als »ein Stück

---

81 Vgl. hierzu auch Kap. 2 und Kap. 5.

82 Vgl. hierzu auch Whiteheads Rekonstruktion von Subjektivität als affektiv-relationales Erfahrungsereignis, Kap. 5.

lebendiger, empfindsamer Materie [...], das von einem fundamentalen Lebenstrieb aktiviert wird« (PA 24) oder auch als ein »Gefüge von Kräften oder Strömen, Intensitäten und Leidenschaften« (PA 26).[83] Affektivität und Begehren stellen für Braidotti insofern in sich positive (Lebens-)Kräfte dar, »die danach streb[en], die Fähigkeiten des Subjekts zu Interaktion und Freiheit einzulösen« (PA 22) und damit die ermächtigende oder affirmative Seite der Macht beziehungsweise den *conatus* oder das, was Braidotti ›*potentia*‹,[84] deutsch ›Vermögen‹, nennt, freizusetzen. Auch hier hat Braidotti Spinoza im Sinn, dessen »ganze Ethik sich als eine Theorie des Vermögens dar[stellt], im Gegensatz zur Moral als Theorie der Pflichten« (Deleuze 1988: 137). In diesem Sinne weist eine »materialistische, nomadische Philosophie des Werdens" (TR 4) den moralischen Universalismus zurück und teilt Nietzsches Abneigung gegenüber der Moral, die er als eine Reihe »negativer, verbitterter und lebensverneinender reaktiver Leidenschaften« (Braidotti 2013b: 343) begreift. Das nomadische Denken ersetzt die Pflichtethik daher durch »Spinozas Ethik der freudigen Affirmation [...], welcher Verantwortlichkeit, Situiertheit und den Aufbau [...] eines aktiven gemeinsamen ethischen Handelns impliziert« (ebd.). Im Rahmen einer ›Politik der Affirmation‹ und einer nachhaltigen Ethik geht es also immer auch darum, negative in positive Leidenschaften zu überführen. Denn erst dann können die Fähigkeiten des Subjekts, in Beziehungen zu multiplen Anderen zu treten, Verantwortung zu übernehmen und kollektive »nachhaltige Prozesse der Transformation« (Braidotti 2013c: 30) anzustoßen aktiviert werden.[85] Es wäre Braidotti zufolge daher gerade auch in Bezug auf die Bildung politischer Subjekte und Koalitionen wichtig, nicht Willen und Kalkül,

---

83 Es *»fällt [daher auch, Anm. I.A.] nicht mit der Aneinanderreihung innerer, rationalistischer Gesetzmäßigkeiten zusammen [...], [sondern, Anm. I.A.] ist vielmehr eine Teilmenge von Kräften, die raumzeitlich gesehen stabil genug ist, um Bestand zu haben und [dennoch, Anm. I.A.] konstante Transformationsflüsse zu durchlaufen«* (PA 26).

84 Die restriktiv-negative Seite der Macht bezeichnet Braidotti als ›*potestas*‹.

85 Negative Affekte, so Braidotti, mindern hingegen die Fähigkeit, wechselseitige Abhängigkeiten anzuerkennen.

sondern Affektivität, Begehren und Affinität in den Vordergrund zu stellen.

Minoritäre, rhizomatische Politiken

(Ideen-)Geschichtlich geht für Braidotti die »Figuration der Nomad*in aus der Debatte um die postmoderne Krise der Werte und der Repräsentationen des Subjekts hervor" (NS 63). Sie knüpft damit an ein Problem an, das auch Deleuze im Rahmen seines Vortrags *Pensée nomade* (1972) adressiert hat:

> *Man weiß genau, daß das revolutionäre Problem heute darin besteht, eine Einheit der punktuellen Kräfte zu finden, ohne in eine despotische und bürokratische Organisation der Partei oder des Staatsapparates zurückzufallen: eine Kriegsmaschine, die sich nicht auf den Staatsapparat bezieht, eine nomadische Einheit mit Bezug zum Außen, die sich nicht auf die innere despotische Einheit beruft.* (Deleuze 2003: 378)

Im Gegensatz zur hierarchisch-bürokratischen, herrschaftsförmigen Organisation der Partei, verweigert die ›nomadische Einheit‹ also Deleuze zufolge jede hegemoniale wie permanente Subjektposition, ohne einem neo-konservativen (neo-)liberalen Individualismus anheimzufallen oder vom Kollektiv abzulassen. Braidotti sieht in Deleuzes und Guattaris Nomaden-Denken daher eine Form des Widerstands gegen Mikrofaschismen: Die nomadische Subjektposition steht für die Notwendigkeit einer qualitativen Verschiebung weg von jeglichen Herrschaftsansprüchen hin zu verstreuten, rhizomatisch-dezentralen, netz(werk)artigen Zusammenschlüssen und daher für »vielfältige, mikropolitische Formen von alltäglichem Aktivismus« (PA 21) jenseits von Identitäts- und/oder Parteipolitik. Kollektive, politische Subjekte, so Braidotti mit Blick auf Haraway, sollten (bei ihrer Konstitution) daher auf heterogene und bewegliche, wenn auch verbindliche Allianzen setzen statt auf identitätsgebundene oder rein strategische Koalitionen:

> *A heterogeneous style of politics is needed [...], based on centrelessness. As a corollary, this implies a variety of possible political strategies and the non-dogmatic acceptance of potentially contradictory positions. A scattered, weblike system is now operational, which defies and defeats any pretence at avant-garde leadership by any*

> *group. Resistance being as global as power, it is centreless and just as non-linear: contemporary politics is rhizomatic.* (TR 7f.)

Voraussetzung einer solchen Politik des Aushaltens von Widersprüchen, der Affirmation von Differenzen und der permanenten Dezentrierung und Mobilität bei gleichzeitiger Produktion von verbindlichen Zusammenhängen, ist Braidotti zufolge ein ›nomadisches Bewusstsein‹ (d.h. eine nomadische Subjektivität), das weder einen unitären Subjektbegriff im Sinne des Humanismus, noch eine teleologische Geschichtsauffassung, noch eine dualistische Gegenüberstellung von Natur und Kultur akzeptiert:

> This form of consciousness combines features that are usually perceived as opposing, namely, to have a sense of identity that rests not on fixity, but on contingency. [It] combines coherence with mobility [and] aims to rethink the unity of the subject, without reference to humanistic beliefs, without dualistic oppositions, instead linking body and mind in a new set of intensive and often intransitive transitions. (NS 64)

Braidottis Figuration der Nomad*in eröffnet den Raum für ein post-identitäres, multiples Werden, in dessen Rahmen politisches Handeln und politischer Widerstand nicht (zynisch) resignativ aufgegeben werden, sondern die Form experimentierfreudiger, minoritär-rhizomatischer Aktivismen annehmen. Neben der kritisch-negativen Dekonstruktion wie Deterritorialisierung des anthropozentrischen, (neo-)liberal-individualistischen Subjektbegriffs des Humanismus, eröffnet Braidotti mit ihrem Projekt der Rekonzeptualisierung von Subjektivität als einem Prozess des Nomadenwerdens also vor allem auch einen Raum für eine positiv-affirmative, emanzipative und nachhaltige politische Praxis.

4. Implizite Annahmen und Konsequenzen moderner Subjektkonzeptionen

»Queering what counts as nature is my categorical imperative. Queering specific normalized categories is not for the easy frisson of transgression, but for the hope for livable worlds.«
Donna Haraway (1994: 60)

›In der Hoffnung auf lebbare Welten‹ das zu ›durch/kreuzen‹, was der Moderne als Natur gilt, könnte man ebenso als das Hauptanliegen des Philosophen und Mathematikers Alfred North Whitehead (1861–1947) bezeichnen. Seine Metaphysik, die eine radikale Rekonstruktion des Subjektbegriffs beinhaltet, kann, wie Isabelle Stengers in ihrem Buch *Thinking with Whitehead. A Free and Wild Creation of Concepts* (2011 [2002]) gezeigt hat, als Antwort auf seine Auslegung der modernen Denkweise gelesen werden, die er als durchzogen von einer »radikalen Inkonsistenz« (SMW 77, Übers. I.A.) oder internen Widersprüchlichkeit beschreibt. Da sich diese grundlegende »Inkohärenz« (PR 37*) im modernen Denken Whitehead zufolge nicht nur im Naturbegriff, sondern daran anschließend in den modernen Erfahrungs- und Subjekttheorien niederschlägt, wird auf dieser wie auf ihren Implikationen und Konsequenzen im Folgenden der Fokus liegen. Der allgemeinen Verständlichkeit wegen und um der Kritik zuvorzukommen, die unhintergehbar gegen (klassisch) metaphysisches Denken – das implizit oder explizit um die Begriffe Substanz, Identität, Transzendenz und Präsenz kreist und Anspruch auf Fundierung, Gewissheit und Wahrheit erhebt – hervorgebracht wurde, zunächst einige allgemeine Bemerkungen zu Whiteheads Metaphysikbegriff.

Eine andere Metaphysik, ein anderer Metaphysikbegriff

Whitehead teilt nicht nur die (poststrukturalistische) Kritik an der traditionellen Metaphysik und sieht dementsprechend die Notwendigkeit einer anderen Metaphysik, sondern er tritt ebenso für ein anderes Metapysik*verständnis* ein, das sich radikal von der klassischen Auffassung derselben unterscheidet.[86] Für ihn ist Metaphysik - wie jede andere Praxis - in einen historischen Kontext eingebettet, aus dem sie notwendig hervorgeht und auf den sie notwendig Bezug nimmt. Insofern begreift er Metaphysik als eine situierte Praxis und spricht sich nicht zuletzt deshalb für eine *praktische* Grundlegung von Philosophie und in diesem Sinne für eine *situierte, pragmatistische* Metaphysik wie für einen situierten, pragmatistischen Metaphysikbegriff aus.[87] Gegenteilige Ansprüche an die Metaphysik, so der Anspruch auf Fundierung, Gewissheit und ewige Wahrheit - Kennzeichen klassischer Metaphysiken - sind für Whitehead Ausdruck philosophischer Naivität: »In philosophical discussion, the merest hint of dogmatic certainty as to finality of statement is an exhibition of folly.« (PR xiv) Der Wunsch nach Exaktheit in der philosophischen Spekulation ist eine Täuschung. Denn Whitehead zufolge ist angesichts unterschiedlicher Schwierigkeiten - die methodischen und praktischen Probleme bei der ›Ableitung‹ erster Prinzipien, der »elliptisch[e]« (PR 49) Charakter

86 Ebenso nimmt Whitehead eine grundlegende Rekonstruktion der Begriffe Spekulation und System vor, die traditionell eng mit metaphysischem Denken verknüpft sind (vgl. beispielsweise Kann 2010 oder Sölch 2010). Eine tiefergehende Auseinandersetzung mit einer solchen Neubestimmung und -bewertung würde den Rahmen dieses Buches sprengen. Melanie Sehgals umfassende Studie *Eine situierte Metaphysik. Empirismus und Spekulation bei William James und Alfred North Whitehead* (2016) liefert eine hervorragende Darstellung des Whitehead'schen Metaphysikverständnisses.

87 Whitehead stellt sich damit in die Tradition des Pragmatismus. Das »pragmatische Ethos« umfasst nach Marc Rölli (mit Verweis auf Richard Bernstein) folgende Komponenten: *»[D]en* Antifundamentalismus *[...], die* radikale Kontingenz *[...] einer prinzipiell offenen Zukunft, ein* pluralistisches *Bekenntnis, den auf kollektive Lebenszusammenhänge reflektierenden* Praxis*begriff, sowie eine* experimentierfreudige *wissenschaftliche Grundeinstellung.«* (Rölli 2010: 3) Vgl. auch Sehgal 2016. Unter diesen Gesichtspunkten lässt sich auch kritisch posthumanistisches Denken als pragmatistisch interpretieren. Vgl. Kap. 2.

der Sprache[88] und die Beschränktheit der empirischen Erfahrung – nur eine »asymptotische Annäherung« (PR 33*) an metaphysische Prinzipien möglich: »Philosophers can never hope finally to formulate these metaphysical first principles. Weakness of insight and deficiencies of language stand in the way inexorably.« (PR 4) Spekulativ generierte, metaphysische Prämissen sind daher niemals endgültig formulierbar; Metaphysik ist ein unabschließbares Unterfangen,[89] das ›Abenteuer der Ideen‹, die Lust an der Spekulation sollte daher ein ihr integraler Bestandteil sein.[90] Metphysische Prinzipien können daher nie mehr als Hypothesen, ja ›Metaphern‹ sein – »they remain metaphors mutely appealing for an imaginative leap« (PR 4). Ihre Geltung kann allein pragmatistisch in der Erfahrung[91] validiert werden, ob sie dieser zu entsprechen vermögen

88 Whiteheads Verständnis von sprachlichen Ausdrücken ist in diesem Sinne ein nicht-repräsentationalistisches. Sie dienen nicht dazu, Realität wiederzugeben, sondern haben die Funktion, auf eine bestimmte Weise Beziehungen herzustellen: *»[N]o language can be anything but elliptical, requiring a leap of the imagination to understand its meaning in its relevance to immediate experience. The position of metaphysics in the development of culture cannot be understood without remembering that no verbal statement is the adequate expression of a proposition.«* (PR 13) Vgl. auch Sehgal 2016: 367.

89 Diese Grenzen der Metaphysik sollten Whitehead zufolge allerdings nicht zur Ablehnung von Systematizität und methodischem Vorgehen überhaupt führen: *»Speculative boldness must be balanced by complete humility before logic, and before fact. It is a disease of philosophy when it is neither bold nor humble, but merely a reflection of the temperamental presuppositions of exceptional personalities.«* (PR 17) Spekulatives Denken verbindet sich für Whitehead daher mit dem klassischen Anspruch, kohärent, systematisch und logisch zu sein: *»Speculative Philosophy can be defined as the endeavour to frame a coherent, logical, necessary system of general ideas in terms of which every element of our experience can be interpreted. Here ›interpretation‹ means that each element shall have the character of a particular instance of the general scheme.«* (AI 222) Ebenso sollten die Grenzen der Metaphysik keinesfalls dem skeptizistischen Vorbehalt, wirkliches Wissen sei unmöglich, Vorschub leisten: Es gibt nichts, das *grundsätzlich* nicht erkannt werden kann; ansonsten wäre auch die Äußerung, *dass* es nicht erkannt werden kann ebenso widersinnig.

90 Die Nähe zu Haraway wie Braidotti und ihre kritisch posthumanistische Forderung, bei der theoretischen Konstruktion ›erfinderisch‹ zu sein ist nicht zu übersehen. Vgl. Kap. 2 *Relationalität und Prozessualität statt Substantialität und Fixiertheit.*

91 Zu Whiteheads Erfahrungsbegriff vgl. Kap. 5 *Die fundamentale Erweiterung des Erfahrungsbegriffs.*

oder nicht. Sie sind insofern kontinuierlich innerhalb des begrifflichen Systems und einem Erfahrungsbereich zu überprüfen und falls notwendig zu revidieren. Damit aber muss sich spekulative Philosophie von der »Methode der ›Arbeitshypothese‹« (AI 395*) leiten lassen und Metaphysik kein abgeschlossenes, sondern ein hypothetisches Begriffssystem präsentieren. Als spekulative Annahmen sind metaphysische Begriffe für Whitehead daher auch nicht Ausgangspunkt der theoretischen Konstruktion, sondern deren *Ziel*. Letztbegründungs-, Wahrheits- und Gewissheitsansprüche sind im Rahmen einer solch radikalen Reformulierung spekulativ-metaphysischen Denkens nicht mehr möglich.

Dementsprechend besteht für Whitehead das Ziel philosophisch-metaphysischer Spekulation auch nicht im deduktiven oder induktiven Führen von Beweisen, sondern in der Herstellung von (Selbst-)Evidenz, auch wenn es letztlich unmöglich ist, ein solches Ziel zu erreichen: »[...] in philosophical writings proof should be at a minimum. The whole effort should be to display the self-evidence of basic truths, concerning the nature of things and their connection.«[92] (MT 48) Ob eine metaphysische Prämisse, ein theoretisches Konzept, ein Begriff, eine Idee in der Lage ist beziehungsweise gewesen sein wird, Evidenz zu erzeugen, lässt sich abermals nur in der Erfahrung testen. Damit kommt es zu einer weiteren Verschiebung im Verständnis und dem Stellenwert metaphysischer Begriffe beziehungsweise spekulativer Philosophie: Ihre Aufgabe und Funktion besteht allein darin, die Vielfalt der Erfahrungen systematisch zu erfassen und die verschiedene Erfahrungsbereiche in Bezug zu setzten.[93] Als Hypothesen geben sie wiederum das methodische Vorgehen vor und erfüllen auf diese Weise den Zweck,

---

92 Philosophie selbst kann daher nicht bewiesen werden: »*It [philosophy] makes the content of the human mind manageable; it adds meaning to fragmentary details; it discloses disjunctions and conjunctions, consistencies and inconsistencies. Philosophy is the criticism of abstractions which govern special modes of thought. It follows that philosophy, in any proper sense of the term, cannot be proved. For proof is based upon abstraction. Philosophy is either self-evident, or it is not philosophy.*« (MT 48f.) Vgl. zur Aufgabe der Philosophie als Kritik der Abstraktionen das gleich benannte Unterkapitel, Kap. 4.

93 »*The purpose of this working hypothesis for philosophy is to coordinate the current expressions of human experience, in common speech, in social institutions, in*

die Untersuchung anzuleiten: »Such a hypothesis directs observation, and decides upon the mutual relevance of various types of evidence. In short, it prescribes method. To venture upon productive thought without such an explicit theory is to abandon oneself to the doctrines derived from one's grandfather.« (AI 222)

Mit diesem pragamatistisch-empiristischen Anspruch, nach welchem die Aufhellung und das In-Bezug-Setzen verschiedener Erfahrungsbereiche »die einzige Rechtfertigung jeglichen Denkens« (PR 33*) darstellt,[94] verbindet sich darüber hinaus eine weitere methodische Forderung: philosophische Spekulation hat bei der Erfahrung anzuheben und nach der spekulativen Verallgemeinerung zu ihr zurückzukehren – »[w]e can never catch the actual world taking a holiday from their sway« (PR 4) – und falls nötig zu revidieren: »Whatever is found in ›practice‹ must lie within the scope of the metaphysical description. When the description fails to include the ›practice‹, the metaphysics is inadequate and requires revision.« (PR 13) Die »wahre Forschungsmethode« der Philosophie gleicht daher auch einer »Flugbahn« (PR 34*): »It starts from the ground of particular observation; it makes a flight in the thin air of imaginative generalization; and it again lands for renewed observation rendered acute by rational interpretation.«[95] (PR 5)

---

actions, in the principles of the various special sciences, elucidating harmony and exposing discrepancies. No systematic thought has made progress apart from some adequately general working hypothesis, adapted to its special topic.« (AI 222)

94 Whitehead folgt mit diesem Diktum dem »Radikalen Empirismus« des Psychologen und Philosophen William James (1842–1910). Radikal empiristisches Denken ist mit der (methodischen) Forderung verbunden, nichts in die philosophische Spekulation einfließen zu lassen, das nicht erfahren wird, aber auch nichts auszuklammern, das erfahren wird: »*To be radical, an empiricism must neither admit into its constructions any element that is not directly experienced, nor exclude from them any element that is directly experienced.*« (James 2003: 22).

95 Whiteheads metaphysischer Entwurf ist insofern ebenso mit dem Versuch verbunden, empiristische und rationalistische Denkmodi zu verschränken: (S)ein Begriffssystem soll zwar »logisch« und »kohärent« (rationaler Aspekt), aber in erster Linie »anwendbar« und »adäquat« (empirischer Aspekt) sein (PR 32*).

Die Bifurkation der Natur als ›implizite Metaphysik der Moderne‹

Natur spaltet sich, so Whitehead in *The Concept of Nature* (1920), zu Beginn der neuzeitlich-europäischen Denkweise im 17. Jahrhunderts in zwei miteinander unvereinbare Sphären oder Wirklichkeitsregionen auf: Mit ›Natur‹ ist zum einen die allein den Naturwissenschaften zugängliche, (sogenannte) objektive, ›an-sich-seiende‹ Natur oder die materialistisch konzeptualisierte Natur der Elektronen, Moleküle und Zellen gemeint. ›Natur‹ bezeichnet aber zugleich die (subjektiv) wahrnehmbare und erfahrene, die erscheinende Natur mit ihren Qualitäten, Wertungen und Empfindungen. Für Whitehead bedeutet diese modernistische Spaltung der Natur im Denken, die Differenzierung von primären und sekundären Qualitäten, von ›erster‹ und ›zweiter‹ Natur, von materieller und geistiger Sphäre eine fundamentale, folgenschwere und unzulässige Inkohärenz. Seine Bezeichnung für diese Inkohärenz ist ›Verzweigung‹ oder ›Bifurkation‹ der Natur; denn die Frage, wie diese beiden Naturbegriffe – die ›objektive‹ und die ›subjektive‹ Natur – aufeinander zu beziehen sind, bleibt für Whitehead in der philosophischen Tradition der Moderne weitestgehend offen.[96] Diese Inkonsistenz zu vermeiden, eine Metaphysik jenseits der Bifurkation der Natur zu entwerfen – die notwendig eine Revision des modernen Subjekt- wie Erfahrungsbegriffs beinhaltet[97] –, leitet den Großteil des Whitehead'schen Denkens an:

> What I am essentially protesting against is the bifurcation of nature into two systems of reality, which, in so far as they are real, are real in different senses. One reality would be the entities such as electrons which are the

---

96 William James stellt diesbezüglich für Whitehead eine wichtige Ausnahme dar. Whiteheads Erfahrungs- wie Subjekttheorie ist maßgeblich von James' Fokus auf die subjektive Selbsterfahrung und das in diesem Zusammenhang entwickelte Konzept des »stream of thought« beeinflusst. Weiters ist Whiteheads Konzeption des Bewusstseins als »subjektiver Form« eines bestimmten »Gefühls« von James' Auffassung des Bewusstseins nicht als Wesenheit, sondern als bestimmte »Funktion« der Erfahrung, genauer als »the function of knowing« (SMW 151) geprägt. Ausführlich zu Whiteheads »critique of pure feeling« wie zu seinem Bewusstseinsbegriff vgl. Kap. 5. *Die fundamentale Erweiterung des Erfahrungsbegriffs.*

97 Eine ausführliche Besprechung des Whitehead'schen Erfahrungs- wie Subjektbegriffs findet sich in Kap. 5.

> study of speculative physics. This would be the reality which is there for knowledge; although on this theory it is never known. For what is known is the other sort of reality, which is the byplay of the mind. Thus there would be two natures, one is the conjecture and the other is the dream.
> Another way of phrasing this theory which I am arguing against is to bifurcate nature into two divisions, namely into the nature apprehended in awareness and the nature which is the cause of awareness. The nature which is in fact apprehended in awareness holds within it the greenness of the trees, the song of the birds, the warmth of the sun, the hardness of the chairs, and the feel of the velvet. The nature which is the cause of awareness is the conjectured system of molecules and electrons which so affects the mind as to produce the awareness of apparent nature. The meeting point of these two natures is the mind, the causal nature being influent and the apparent nature being effluent. (CN 30f.)

Die Spaltung der Natur im Denken vollzieht sich also immer dann, wenn von zwei gesonderten, inkompatiblen Wirklichkeitsregionen ausgegangen wird: der niemals unmittelbar wahrnehmbaren ›Realität‹ oder materiellen Sphäre auf der einen und der ›Erscheinung‹ oder geistigen Sphäre auf der anderen Seite. Die Whitehead'sche These der Aufspaltung der Wirklichkeit liefert damit zusätzlich eine Erklärung für die historisch-systematische Herkunft der klassisch gewordenen kategorisch-binären Unterscheidungen in der philosophischen Tradition der Moderne sowie für die moderne Verzweigung der Wissensmodi oder der »Aufteilung des Territoriums« (SMW 145, Übers. I.A.) zwischen einer mit der ›objektiven Welt‹ befassten Wissenschaft und einer mit den ›subjektiven Bedingungen‹ der Erkenntnis dieser objektiven Welt beschäftigten Philosophie.[98]

Die verzweigte Natur kann vor diesem Hintergrund als »historisch-diskursive Konstellation« verstanden werden, die in

[98] Diese Trennung hat für Whitehead »auf beiden Seiten zu einer beklagenswerten Beschränktheit des Denkens geführt« – und zwar insofern die Philosophie »den Anspruch auf uneingeschränkte Allgemeinheit aufgegeben und die Naturwissenschaft sich in den eng begrenzten Kreis ihrer Methodik zurückgezogen [hat]« (FR 61*). Im Rahmen der Whitehead'schen Maxime »*[a]gainst Bifurcation of nature*« stellt die Überwindung der Dichotomie zwischen Natur- und Geisteswissenschaften daher ein grundlegendes Leitmotiv dar. Darüber hinaus ist diese Trennung für die inadäquate Konzeptualisierung von Erfahrung und Subjektivität in der Moderne mitverantwortlich. Vgl. hierzu Kap. 5.

Form von – zumeist implizit bleibenden, d.h. auch theoretisch nicht fundierten – grundlegenden begrifflichen Voraussetzungen »die historische Selbstverständlichkeit der Moderne bildet« (Sehgal 2016: 15). Sie lässt sich daher als »implizite Metaphysik der Moderne« (Sehgal 2016: 15) oder auch in Anlehnung an Fredric Jamesons Theorie des politisch Unbewussten (1995), als unbewusste Metaphysik der Moderne fassen, die sowohl die Bedingungen und den Rahmen als auch Inhalt und Form modernen Denkens grundlegend bestimmt.[99] Whitehead bezeichnet das Denken im Modus der Bifurkation deshalb auch als »general form of the forms of thought« (AI 12) der Moderne: Über die Vorgabe und Festsetzung des Inhalts hinaus – also das, was qua den ersten Prinzipien überhaupt gedacht werden kann und darf – inhäriert sie besonders auch der Art und Weise, dem Wie oder der Gestalt des Denkens.[100] Die Bifurkation kann daher mit Whitehead als ausgezeichneter Modus des modernen Denkens, als *die* moderne Denkkonvention, Denkkultur oder Denkgewohnheit begriffen werden.

In der Beurteilung der Whitehead'schen Interpretation der Ideengeschichte möchte ich mit Melanie Sehgal darauf hinweisen, dass dessen ihm eigene Zusammenführung von historischer und systematischer Analyse, wie sie auch in seiner Bifurkationsthese zum Tragen kommt, mitgedacht werden muss. Es ist also zentral, Whiteheads Philosophie- wie auch Geschichtsverständnis zu berücksichtigen: Er thematisiert »das Denken der Moderne zunächst als *ein* Denken, *als ob* es sich um ein philosophisches System handeln würde« (Sehgal 2016: 15) und verknüpft über dieses Herausarbeiten eines Begriffssystems Bereiche, die in der Tradition der Moderne selbst separat behandelt werden. Whiteheads ›Moderne‹ ist also als ein historisches und systematisches Konstrukt zu begrei-

---

99 Eine Auseinandersetzung mit der politischen Dimension der Bifurkation und der ihr impliziten Metaphysik findet sich, wie Latour selbst in einer Fußnote in seinem Vorwort zu Stengers Whitehead-Studie *Thinking with Whitehead: A Free and Wild Creation of Concepts* anmerkt (vgl. Latour 2011: 12, Fn. 7), in seinem Buch *Politics of Nature: How to bring the Sciences into Democracy* (vgl. Latour 2004: 260, Fn. 56).

100 Vgl. Halewood 2011: 6.

fen, dem eine spezifische Funktion innerhalb seines Denkens zukommt.[101] Sein generalisierendes Verfahren und der damit verbundene pauschale Gebrauch des Begriffs der Moderne mag von einem philosophischen wie historischen Standpunkt aus fraglich erscheinen, kann aber mit Sehgal über die Whitehead'sche Zusammenführung von historischen und systematischen Überlegungen legitimiert werden. Denn gerade und erst in dieser Verschränkung zeigt sich die grundlegende Inkohärenz, die das moderne Denken nach Whitehead auszeichnet: Die modernen Grundprinzipien sind inkompatibel oder, wie im Falle des Naturbegriffs, von einer internen Widersprüchlichkeit gekennzeichnet.[102] Damit ist Whitehead ebenso ein spezifisches Lektüreverfahren zu eigen: Sein Ausgangs- und Einsatzpunkt bei der Bewertung der Ideengeschichte ist stets das Problem der Bifurkation der Natur und damit das der (zumeist) implizit bleibenden Voraussetzungen. Er kontextualisiert sich hierüber selbst und verwirft damit nicht zuletzt den Mythos der Möglichkeit einer unsituierten Lektüre wie eines unsituierten Philosophierens:

> The besetting sin of philosophers is that, being merely men, they endeavor to survey the universe from the standpoint of gods. (SP 132)[103]

---

101 Daher wird dieser allgemeine Gebrauch nachfolgend übernommen.

102 Dasselbe gilt für die vereinheitlichende Verwendung des Humanismusbegriffs im kritischen Posthumanismus, der sich ja mit dem Anspruch verbindet, eine kritisch-dekonstruktivistische wie historisch-materialistische Durcharbeitung des Humanismus zu leisten, um dessen impliziten Voraussetzungen offenzulegen (vgl. Kap. 2). Insofern der moderne und humanistische Denkrahmen viele Annahmen teilen sowie einen ähnlichen Denkmodus aufweisen, habe ich mir erlaubt, die Begriffe ›modern‹ und ›humanistisch‹ beziehungsweise ›Moderne‹ und ›Humanismus‹ im Kontext dieses Buches synonym zu verwenden.

103 Die Nähe zu Haraways »göttlichem Trick«, der vorgibt, »alles von nirgendwo aus sehen zu können« (Haraway 1995: 82) ist offenkundig.

Denken im Modus von Substanz und Attribut

Whitehead zufolge sind es viel weniger die expliziten als die *impliziten* Annahmen, die den Denkrahmen einer Epoche am elementarsten bestimmen.[104] Für ihn liegt eine der, um nicht zu sagen *die* grundlegendste und folgenschwerste, wenn auch in vielen Bereichen äußerst nützliche aller impliziten Denkvoraussetzungen der von der Bifurkation gekennzeichneten modernen Philosophie wie Wissenschaft im Bestreben, die Wirklichkeit anhand der Ideen von Substanz und Qualität, Subjekt und Prädikat, Besonderem und Allgemeinem zu beschreiben:

> All modern philosophy [and science, Anm. I.A.] hinges round the difficulty of describing the world in terms of subject and predicate, substance and quality, particular and universal. [...] We find ourselves in a buzzing world, amid a democracy of fellow creatures; whereas, under some disguise or other, orthodox philosophy can only introduce us to solitary substances [...]. (PR 49f.)

Die systematischen Wurzeln des Denkens im Modus von Substanz und Attribut macht Whitehead in der Hypostasierung und unreflektierten Universalisierung der partikularen und kontingenten Subjekt-Prädikat-Form des Aussagesatzes der westlichen Sprachen aus. Die daraus resultierende Gleichsetzung von grammatisch-logischer und ontologischer Struktur führte und führt weiterhin dazu, die logische Differenz zwischen Subjekt und Prädikat als eine grundlegende ontologische Differenz zwischen Subjekt und Objekt, Ding und Eigenschaft, Partikularem und Universellem zu begreifen. Im Zuge der Annahme getrennt existierender Entitäten

---

[104] Im Rahmen einer Kritik ist daher für Whitehead das Herausarbeiten der impliziten, unhinterfragten (metaphysischen) Voraussetzungen prioritär: »*When you are criticising the philosophy of an epoch, do not chiefly direct your attention to those intellectual positions which its exponents feel it necessary explicitly to defend. There will be some fundamental assumptions which adherents of all the variant systems within the epoch unconsciously presuppose. Such assumptions appear so obvious that people do not know what they are assuming because no other way of putting things has ever occurred to them. With these assumptions a certain limited number of types of philosophic systems are possible, and this group of systems constitutes the philosophy of the epoch.*« (SMW 49f.) In diesem Sinne kreist Whiteheads Denken immer wieder um die Frage der impliziten Voraussetzungen des modernen Denkrahmens.

wird die Substanz als ein »erstes Subjekt«, d.h. ein selbstständig Vorliegendes oder Zugrundeliegendes (*hypokeimenon*) aufgefasst, das »›weder von einem [anderen, Anm. I.A.] Subjekt ausgesagt wird, noch in einem [anderen, Anm. I.A.] Subjekt ist‹«[105] und ›folgerichtig‹, wenn auch bei Descartes zugespitzter, als »›ein Ding vor[ge]stell[t], das so existiert, daß es zu seiner Existenz kein anderes Ding bedarf‹«[106] (PR 110*). Das Denken im Modus von Substanz und Attribut legt damit nicht nur Nahe, das Subjekt als etwas zu denken, das immer schon selbstständig vorliegt wie seinen Bezügen vorausliegt - und das heißt auch durch seine Bezugnahmen hindurch mit sich selbst identisch bleibt, weil es sich trotz wechselnder qualitativer Bestimmungen nicht wesenhaft verändert-, sondern darüber hinaus, dass es außerhalb jeglicher Verweisungszusammenhänge steht. Demgemäß wird das Subjekt als autonom und abgeschlossen aufgefasst und die Vorstellung der konstitutiven wechselseitigen Bezogenheit der Entitäten oder, mit Barad, deren »entanglements« wie »intra-actions«[107] undenkbar.[108] Die Problematik der wesentlichen Unverbundenheit der Entitäten, und seit Descartes im Speziellen von geistigen und materiellen Entitäten, ist denn auch in Form des Körper-Geist-Dualismus bis heute präsent.[109] Zusätzlich muss innerhalb der klassischen

---

105 Vgl. Aristoteles: *Kategorien*, Kap. 5, 2a 11–14, S. 45.

106 Vgl. Descartes, René (1914): *Die Prinzipien der Philosophie*, S. 17.

107 Zum Neologismus ›intra-action‹ vgl. Kap. 2 *Dezentrierung des Menschen und kritisch Posthumanistische Subjektivität*. Wie ›intra-action‹ verweist ›entanglement‹ darauf, dass es keine unabhängigen Entitäten, keine Relata, sondern nur Relationen gibt: »*To be entangled is not simply to be intertwined with another, as in the joining of separate entities, but to lack an independent, self-contained existence. Existence is not an individual affair. Individuals do not preexist their interactions; rather, individuals emerge through and as part of their entangled intra-relating.*« (Barad 2007: ix)

108 Dementsprechend kann auch Haraways kritisch posthumanistische Forderung, »die Beziehung [als] die kleinst mögliche Einheit der Untersuchung« (Haraway 2004: 315) anzusetzen innerhalb substanzmetaphysischer Denkvoraussetzungen nicht gelingen. Vgl. auch Kap. 2 *Relationalität und Prozessualität statt Substantialität und Fixiertheit*.

109 *»[F]or Descartes, minds and bodies exist in such a way as to stand in need of nothing beyond themselves individually (God only excepted, as being the foundation of all things); that both minds and bodies endure […]; that spatial extension is the essential attribute of bodies; and that cogitation is the essential attribute of*

Substanzmetaphysik aufgrund ihres Substanz- beziehungsweise Subjektverständnisses als mit sich selbst identische und isolierte Individuen durchgehend unklar bleiben, wie durch akzidentielle, rein äußerliche Veränderung etwas substantiell Neues auftreten kann.

In der philosophischen Tradition der Moderne wurde der Substanzgedanke darüber hinaus dahingehend rezipiert, dass das erfahrende Subjekt als ein erstes Subjekt im obigen Sinne sowie – und hier zeigt sich ein weiteres Mal der implizite Anthropozentrismus moderner Philosophien – als selbstverständlich menschlich begriffen wurde. Die theoretisch nicht zu rechtfertigende Vorstellung, das Subjekt beziehungsweise das ›Ich‹ als etwas aufzufassen, das den Erfahrungen in irgendeiner Weise zugrunde liegt (und dabei selbst keiner Veränderung unterliegt, mit sich identisch bleibt), ist spätestens mit Descartes' *cogito* zur ›Denknotwendigkeit‹ geworden. Und weil das Subjekt nie Objekt und andersrum das Objekt nie selbst Subjekt sein kann, wird das ›Ich‹ zur einzigen Substanz die – im Selbstbezug – erfahren und zweifelsfrei gewusst werden kann. Dieser »human exceptionalism« findet nicht zuletzt im absoluten Sonderstatus, der dem Selbstbewusstsein in der Philosophie der Moderne zukommt, seinen Ausdruck.

Natur als ›meaningless complex of facts‹

Im Allgemeinen richtet sich Whiteheads Kritik der Substanzmetaphysik weniger gegen Aristoteles selbst, den »Apostel von ›Substanz und Attribut‹« (PR 387*) wie Whitehead ihn auch nennt, als vielmehr gegen die Rezeption und unreflektierte Übernahme des Substanzgedankens, genauer: der Vorstellung von Substanzen als selbstidentisch bleibendes Material in der modernen Philosophie und Wissenschaft.[110] Historisch sieht Whitehead die Bifurkation mit dem Siegeszug der Newton'schen Physik besiegelt, im

minds. [...] Those principles lead straight to the theory of a materialistic, mechanistic nature, surveyed by cogitating minds.« (SMW 144f.)

110 Diese Auffassung weist Whitehead in seiner ›*Philosophy of Organism*‹, wie er seine Philosophie auch nennt, aufs Schärfste zurück: »*It is fundamental to*

Rahmen derer das materialistische Materieverständnis universalisiert und als angemessene Beschreibung von Natur insgesamt angesehen wurde. Derart wurde der generalisierte Materialismus zum Leitbild und zur impliziten Annahme der modernen Konzeption von Natur überhaupt:

> One such assumption underlies the whole philosophy of nature during the modern period. It is embodied in the conception which is supposed to express the most concrete aspect of nature. [...] The answer is couched in terms of stuff, or matter, or material [...] which has the property of simple location in space and time [...]. [...] [M]aterial can be said to be here in space and here in time [...] in a perfectly definite sense which does not require for its explanation any reference to other regions of space-time. (SMW 50)

Die irrtümliche Konzeption von Materie als »*simply-located*« (SMW 59) verdankt sich wiederum der Voraussetzung des von Whitehead als unreflektierte Abstraktion kritisierten Substanz-Qualität-Modells. Materie ist für Erklärungen im Sinne der *simple location* und der damit verbundenen Vorstellung eines absoluten Raums und einer absoluten Zeit allein dadurch charakterisiert, sich zu einer bestimmten Zeit (jetzt) an einer bestimmten Raumstelle (hier) zu befinden, also unabhängig zu existieren. Für Konzeptionen gemäß der einfachen Lokalisierung sind daher lediglich die *externen* Beziehungen zwischen den Materiepartikeln relevant. Diese sind insofern als rein äußerlich zu verstehen, als die Materiestücke füreinander nichts bedeuten, unwesentlich füreinander sind.[111] Die Annahme der *simple location* impliziert also eine primäre Zusammenhanglosigkeit der Materiestücke, wie sie, nebenbei bemerkt, seit der allgemeinen Relativitätstheorie auch innerhalb der Physik ausgeschlossen wird, und abstrahiert damit

---

the metaphysical doctrine of the philosophy of organism, that the notion of an actual entity as the unchanging subject of change is completely abandoned.« (PR 29) Whitehead zufolge muss die Wirklichkeit aufgrund unserer konkreten Erfahrung als eine lebendige, und das heißt sich fortwährend verändernde, ja agierende begriffen werden.

111 Vgl. SMW 58.

Whitehead zufolge von der komplexen wie vielfältigen Verwobenheit der Entitäten miteinander.[112] Im wissenschaftlichen Materialismus erscheint Natur so als Ganzes als »meaningless complex of facts« (MT 132).[113]

Da Whitehead nicht bezweifelt, dass der physikalische Materialismus beziehungsweise die mathematische Physik ein in höchstem Maße nützliches Forschungsparadigma darstellt, vor allem aus naturwissenschaftlicher Sicht war das 17. Jahrhundert äußerst erfolgreich, bemüht er, wie es zunächst vielleicht den Anschein erwecken mag, keine Wissenschaftskritik (SMW 39f.). Whiteheads Zurückweisung des mechanistischen Materialismus beruht auch nicht allein auf der immanenten Theorieentwicklung der Physik seiner Zeit, die von der Thermodynamik über die Relativitätstheorie und Quantenphysik den Geltungsanspruch der materialistischen Annahme auch innerhalb der eignen Wissenschaft einschränkten, d.h. diese nicht mehr als angemessene Deskription aller natürlichen Phänomene, sondern nur eines Teilbezirks der Natur ansah. Problematisch war für ihn stattdessen die Auslegung des Newton'schen Materieverständnisses, die Universalisierung der materialistischen Naturauffassung beziehungsweise der mathematischen Anschauung, zu der es im Rahmen ihres Siegeszugs innerhalb der Physik und deren Übertragung auf (de facto) alle anderen Regionen der Erfahrung kam. Aus philosophischer Sicht ist diese Universalisierung jedoch unhaltbar, da ihre Erfahrungsgrundlage in der Newton'schen Physik so beschränkt ist, dass sie nicht auch noch außerhalb ihres begrenzten Anwendungsbereichs Gültigkeit beanspruchen kann. Denn dadurch werden die Newton'schen Materieteilchen nicht als das, was sie sind,

---

[112] Es ist unter anderem diese Annahme der primären Zusammenhanglosigkeit der Materiestücke, die nicht ohne schwerwiegende Konsequenzen für den Subjektbegriff bleibt. Vgl. Kap. 5.

[113] Wie Alois Rust bemerkt, ermöglicht die Vorstellung der Bedeutungslosigkeit der Materiepartikel füreinander denn auch die Konzeption eines in sich abgeschlossenen, relationslosen Faktums, so wie es die mathematischen Naturwissenschaften verstehen (vgl. Rust 1987: 87).

nämlich Resultat einer Abstraktion,[114] sondern als konkreteste Bestandteile von Natur schlechthin, als konkrete Wirklichkeit begriffen. Whitehead wird darum nicht müde hervorzuheben, dass das materialistische Naturverständnis eine Abstraktion darstellt, das nur für ein gewisses Segment, nämlich jenes der im Newton'schen Sinne verstandenen Festkörper oder unbelebten Natur, geltend gemacht werden kann. Whitehead bezeichnet diesen Irrtum, eine Abstraktion als Sache konkreter Erfahrung anzusehen, als »›Fallacy of Misplaced Concreteness‹« (SMW 52). Dieser logische Fehlschluss stellt ein weitreichendes und folgenschweres Problem dar, weil mit ihm wesentliche Erfahrungsbereiche aus dem metaphysischen Kontext eliminiert und schlicht »wegerklärt« werden (PR 55*), insofern alles, was nicht in den mathematischen Erklärungshorizont fällt und sich nicht in mechanistischen Termini fassen lässt, allein als im (menschlichen) Subjekt lokalisiert begriffen und damit de facto ›Realität‹ und folglich Wert abgesprochen wird. Dadurch wird die Differenzierung zwischen primären und sekundären Qualitäten, Geist und Materie, Natur und Kultur, Subjekt und Objekt, Menschlichem und Nicht-Menschlichem immer wieder aufs Neue reinstalliert. Whiteheads ›Protest‹ gegen die Verzweigung der Natur ist daher einerseits empiristisch motiviert, insofern Erfahrung innerhalb der Theorien der Bifurkation schlicht inadäquat begriffen und damit wesentliche Erfahrungsbereiche ausgeschlossen werden, und andererseits ethisch-politisch, insofern der wissenschaftliche Materialismus mit seiner Vorstellung von ›bloßer‹, wertloser Materie die Mentalität und Kultur der Moderne insgesamt anleitet und damit weit über den Bereich der Wissenschaften hinausreicht.[115]

Aus dem Umstand also, dass die Newton'sche Physik qua Untersuchungsfeld von Empfindungen und Qualitäten abstrahierte, da diese sich einer Mathematisierung entzogen und nicht in

---

[114] Materie ist »*etwas schlechthin Abstraktes: Man kann sie nicht sehen, nicht fühlen usw.*« (Hegel zit. n. Rohmer 2000: 64).

[115] Whitehead hält in diesem Zusammenhang fest: »*Such a displacement of scientific materialism, if it ever takes place, cannot fail to have important consequences in every field of thought.*« (SMW 38f.)

mechanistischen Begriffen beschreibbar waren, kommt es mit der unerlaubten Verallgemeinerung des Materialismus zu einer grundsätzlichen Exklusion von Qualitäten aus dem Bezirk einer ›ersten Natur‹ schlechthin. Denn wird ein Abstraktum wie Materie mit konkreter Realität an sich verwechselt, lässt es sich nicht vermeiden, alles, was an der Natur wahrnehmbar ist, als sekundäre von ihren primären Qualitäten zu differenzieren, und diese sekundären Qualitäten ausschließlich im (menschlichen) Subjekt zu lokalisieren. So ist es auch nicht zufällig einem der größten Apologeten des physikalischen Weltbildes, René Descartes, zur allgemein anzustrebenden »Gewohnheit geworden, den Geist von seinen Sinnen abzuziehen« (Descartes zit. n. Rohmer 2000: 64) und dadurch den Dualismus von Geist und Materie endgültig zu zementieren. Im Zuge der Universalisierung der neuzeitlichen Physik wurden die Qualitäten also schlagartig *per definitionem* aus dem Bereich der Natur exkludiert, statt einfach nur *de facto, anwendungsbezogen* nicht zum aktuellen Forschungsgebiet zu gehören. Natur wird mit dieser Abtrennung der sekundären von den primären Qualitäten auf tote, passive Materie, auf Rohstoff reduziert; sie erscheint als »dull affair, soundless, scentless, colourless; merley the hurrying of material, endlessly, meaningslessly« (SMW 56). Innerhalb einer solchen Konzeption wird Natur nicht nur als das ›ganz Andere‹ begriffen, sondern zusätzlich ihrer Qualitäten und Werte *um ihrer selbst willen* – in Whiteheads Worten – beraubt und dementsprechend jegliche Form ihrer Ausbeutung legitimiert. Whitehead forderte darum bereits 1925 einen verantwortlicheren Naturumgang und verurteilte die »Gewohnheit, den inneren Wert der Umwelt außer acht zu lassen« (SMW 227*). Whiteheads Bifurkationsthese liefert so zusätzlich eine plausible Erklärung für die ökologische Krise. Sein Einsatz für ein verändertes Naturverständnis und -verhältnis lässt sich allerdings nicht mit klassischen Naturschutzargumenten verbinden, insofern im Rahmen dieser, um Natur zu bewahren, die Unterscheidung von Natur und Kultur vorausgesetzt und die Aufteilung der beiden Bereiche aufrechterhalten werden muss.[116] Somit müsste auch im Sinne Whiteheads eine »politische Ökologie« (Latour) etwas anderes sein als bloßer Naturschutz, insofern dessen Diskurse größtenteils lediglich eine Renaturalisierung von Natur zur Folge haben. Whiteheads theoretischen Anstrengungen lassen sich dementsprechend auf ein in erster Linie lebenspraktisches Interesse oder Anliegen zurückführen und daher als »*theoretische* Grundlegung einer veränderten Praxis« lesen (Holzhey 1990: 18).

Whiteheads Metaphysik ist somit als eine situierte zu begreifen, und zwar in zweifacher Hinsicht: sie versteht sich als Antwort auf die historisch-systematische Konstellation der Bifurkation der Natur in der Moderne und »bezieht Situiertheit [dadurch, Anm. I.A.] in die eigene theoretische Praxis ein« (Sehgal 2014b: 191).[117] Sie ist darüber hinaus pragmatistisch, insofern es bei der Entwicklung und Bewertung von Konzepten in erster Linie darum geht, wohin diese zu *führen* vermögen beziehungsweise *geführt haben (werden)*.[118] Viel wichtiger als die Wahrheit beziehungsweise Falschheit einer Idee ist hiernach ihre Relevanz für einen spezifischen Kontext, ihre Fähigkeit »consequential meanings« (Haraway 1997: 273) beziehungsweise »important knowledge« (PR 3) zu erzeugen.

---

116 An Whiteheads Bifurkationsthese zeigt sich also zusätzlich auch, dass Ontologie, Epistemologie und Politik nicht zu trennen sind.

117 Mit Whiteheads Metaphysik ist darum auch keine repräsentationalistische Epistemologie verbunden, vgl. auch Sehgal 2014a, 2014b und 2016.

118 Bezüglich des Verständnisses und der Bewertung von Ideen im Pragmatismus hält Melanie Sehgal folgendes fest: »*For pragmatism, thought is necessarily speculative. Because every process of knowledge production practically presupposes the faith in a possible solution, often against evidence, it necessitates its hypothetical formulation before evidence is found. In a leap of faith we ›jump‹ into a conclusion that can only be verified after the fact. Importantly, this precursive faith is necessary to bring about the conclusion.*« (Sehgal 2014b: 198) Eine logische Begründung von Theorien ist für Whitehead daher ausgeschlossen.

Subjektivität versus Natur

Eine der entscheidendsten systematisch-historischen Grundlagen für die Inkonsistenz im Naturbegriff und dem damit einhergehenden Ausschluss von Subjektivität, Erfahrung und Geschichte aus der Natur ist Whitehead zufolge also die auf dem Substanz-Qualität-Schema beruhende abstrakte, binäre Unterscheidung zwischen primären und sekundären Qualitäten im Rahmen der Grundannahmen des physikalischen Materiebegriffs des 17. Jahrhunderts beziehungsweise des szientifischen Materialismus.

Quantitative, messbare Eigenschaften, wie etwa Ausdehnung, Anzahl, Größe, Form, Gewicht und Bewegung, sind für Galilei über Descartes bis Locke wirkliche, d.h. primäre Qualitäten des Gegenstandes selbst. Sie werden als den Dingen an sich anhaftend wie von der Wahrnehmung unabhängig begriffen. Sekundäre Eigenschaften hingegen, wie beispielsweise Farben, Gerüche, Töne, Geschmacksempfindungen, aber auch innere Zustände, Gefühle, Empfindungen werden als in der subjektiven Wahrnehmung, als im Geist verortet aufgefasst und gelten als von den primären Qualitäten abhängig. Sie *erscheinen* dem Subjekt lediglich als wirkliche Qualitäten der Gegenstände selbst. In der Moderne muss damit das Subjekt – das nebenbei bemerkt obwohl theoretisch wie praktisch nicht begründbar als selbstverständlich menschliches bestimmt wird – dafür sorgen, die ›öde Natur‹ mit Qualitäten und Werten, mit Sinn zu versehen. Diese »psychic additions« (CN 29, 42f.), wie Whitehead sie auch nennt, sind im Gegensatz zu den primären Qualitäten allerdings nicht in der Sprache der mathematischen Physik beschreibbar, d.h. nicht quantifizierbar und besitzen darum auch keine (›objektive‹) ›Realität‹. Sie sind für die Wissenschaft folglich ohne Nutzen, und die sinnlich erfasste Natur wird zum (›subjektiven‹) ›Traum‹.[119] Indessen wird die Natur der Wissenschaften zur ›Hypothese‹, da sie – weil die primären Qualitäten nur

119 Es sei daher kein Zufall, wie Melanie Sehgal bemerkt, dass die moderne Erkenntnistheorie von der Frage nach und der Angst vor dem illusorischen Charakter von Wahrnehmung geprägt ist (vgl. Sehgal 2016: 13).

vermittelt, beispielsweise im Experiment, erfahrbar gemacht werden können – nie an sich Gegenstand der Wahrnehmung werden kann.

Mit der Abtrennung der sekundären von den primären Qualitäten wird der ›Bereich des Objektiven‹, der Bezirk der ›nackten Tatsachen‹ lediglich durch den ›Bereich des Subjektiven‹ ergänzt; für sich selbst, so eine häufig verwendete Formulierung bei Whitehead, wird Natur als völlig wert-, gefühls- und absichtslos begriffen. Vor diesem Hintergrund kann Whitehead denn auch ironisch-überspitzt behaupten, dass die romantischen Dichter völlig falsch lägen, wenn sie die Rose für ihren Duft oder die Nachtigall für ihren Gesang preisen. Sie sollten ihre Gedichte vielmehr an sich selbst richten und darin der Einzigartigkeit des menschlichen Geistes huldigen.[120]

Wie beschrieben führt die Differenzierung zweier Arten von Qualitäten zur Annahme zweier Erfahrungsregionen und damit zweier Arten von Erfahrungsgegenständen, so dass stets entschieden werden muss, ob eine Qualität den Dingen selbst anhaftet oder lediglich im Subjekt zu verorten ist – es kommt zur Bifurkation der Natur. Die wirkliche und ausschlaggebende Differenz zwischen primären und sekundären Eigenschaften, so könnte man angesichts dessen sagen, ergibt sich also aus der Art und Bedeutung des möglichen Wissens über sie sowie der modernistischen Gleichsetzung von Wissen mit Gewissheit: Während primäre Qualitäten, weil sie mathematisch beschreibbar sind, als sicher gelten, werden die im Geist lokalisierten sekundäre Qualitäten, insofern sie eben nicht mathematisierbar und in mechanistischen Begriffen fassbar sind als ›bloß‹ subjektiv betrachtet.[121] Die Unterscheidung primärer

---

120 »*Thus the bodies are perceived as with qualities which in reality do not belong to them, qualities which in fact are purely the offspring of the mind. Thus nature gets credit which should in truth be reserved for ourselves: the rose for its scent: the nightingale for his song: and the sun for his radiance. The poets are entirely mistaken. They should address their lyrics to themselves, and should turn them into odes of self-congratulation on the excellency of the human mind.*« (SMW 56)

121 Vgl. Sehgal 2016: 135.

und sekundärer Qualitäten ist damit der basalen erkenntnistheoretischen Frage nach der Beziehung von ›Realität‹ und ›Erscheinung‹, wie sie für viele philosophische und besonders epistemologische Debatten der Moderne grundlegend geworden ist, vorgelagert: Sind Qualitäten etwas ›Subjektives‹ oder ›Objektives‹, sind sie ›tatsächlich in der Natur‹ oder, als subjektive Beigabe, ›nur im Geist‹ aufzufinden? Folglich erfolgt auch Whiteheads radikale Neufassung von Subjektivität im Rahmen dieser Frage: Denn wie Natur mit der Differenzierung der ›beiden Naturen‹ als außerhalb des Subjekts verortet begriffen wird, so ist umgekehrt Subjektivität kein Bestandteil der Natur mehr, sondern steht ihr gleichsam gegenüber, insofern sie als das der Natur Äußerliche und vollkommen ›Andere‹ begriffen wird. Mit der Spaltung von primären und sekundären Qualitäten geht also die Exklusion von Subjektivität und damit auch von Erfahrung und Geschichte aus dem Bereich der ›materiellen Natur‹ überhaupt einher. Aus dieser Perspektive erweist sich denn auch der die Philosophie der Moderne kennzeichnende Körper-Geist-Dualismus als Ausdruck der Bifurkation der Natur im Denken, der Unterscheidung zwischen primären und sekundären Qualitäten, und das heißt auch der Exklusion von Subjektivität aus der Natur. Whiteheads Maxime gegen diesen Ausschluss beziehungsweise gegen die Bifurkation der Natur in eine sinnlich wahrnehmbare und eine abstrakt naturgesetzliche, die als Grund dieser Wahrnehmung begriffen wird,[122] lautet daher: »All

[122] Damit geht notwendig eine radikal neue Konzeption von Kausalität einher, welche die onto-epistemologischen Voraussetzungen des Ding-Eigenschafts-Modells aufs Schärfste zurückweist und sich insofern »von der traditionellen Auffassung von Verursachung als gesetzesartiger Veränderung« (Hampe 1990: 116) und d.h. von allen klassischen Kausalitätsbegriffen fundamental unterscheidet. Die im Rahmen seiner Ereignisontologie erfolgende Rekonstruktion von Kausalität korreliert wiederum notwendig mit einem radikal anderen Zeitbegriff, wie Whitehead ihn im Rahmen seiner sogenannten ›epochalen‹ oder ›atomistischen‹ Zeittheorie ausarbeitet. Eine tiefgreifende Auseinandersetzung mit Whiteheads Kausalitäts- wie Zeitbegriff würde den Rahmen dieser Abhandlung sprengen. Gleichwohl spielen beide eine zentrale Rolle in Whiteheads metaphysischem Grundbegriff der ›actual entity‹. Vgl. zum Begriff der Kausalität wie zu Whiteheads Zeitbegriff Kap. 5 *Die fundamentale Erweiterung des Erfahrungsbegriffs* und *Subjekte als relational-prozessuale Erfahrungsereignisse*.

we know of nature is in the same boat, to sink or swim together.« (CN 148) Beziehungsweise auch: »Philosophy can exclude nothing.« (MT 2) Es ist daher unzulässig, sich wie die Phänomenologie allein für das rote leuchten des Sonnenuntergangs zu interessieren oder wie die Physik ausschließlich auf die mechanische Bewegung der Moleküle zu fokussieren: »[...] everything perceived is in nature. We may not pick and choose. For us the red glow of the sunset should be as much part of nature as are the molecules and electric waves by which men of science would explain the phenomenon.« (CN 29) Es ist daher die Aufgabe der Philosophie, will sie nicht nutzlos sein, nichts auszuschließen oder ›wegzuerklären‹ – »[p]hilosophy destroys its usefulness when it indulges in brilliant feats of explaining away« (PR 17) –, sondern die unterschiedlichen Erfahrungsbereiche, ohne sie aufeinander zu reduzieren, zueinander in Bezug zu setzen: »It is for natural philosophy to analyse how these various elements of nature are connected.« (CN 29)

Die Kritik der Abstraktionen als Aufgabe der Philosophie

Innerhalb des diskursiven Settings der Bifurkation, die, wie eben ausgeführt, die historische Voraussetzung des modernen Denkrahmens beschreibt und als implizite Metaphysik der Moderne Denkkonventionen prägt und Grundannahmen vorschreibt, richten sich Whiteheads Überlegungen speziell auf die Philosophie. Seine Auseinandersetzung mit dem Kanon der modernen Philosophie erfolgt im Kontext seiner Bifurkationstheorie und vor diesem Hintergrund markiert sie für ihn, wie er in *Science and the Modern World* (1925) schreibt, sogar den »Ruin« derselben (SMW 72*). Obgleich die Philosophie wie jede andere Praxis in einen historischen Kontext, aus dem sie hervorgeht und auf den sie notwendig Bezug nimmt, eingebettet ist, ist die Verzweigung der Natur insofern besonders eine Angelegenheit der Philosophie, als dass Whitehead zufolge die Reflexion der Abstraktionen und Verallgemeinerungen, wie sie der Bifurkation inhärieren, zur spezialisierten Kompetenz und originären Aufgabe der Philosophie als wissenschaftlicher Disziplin und Denktradition gehören:

> You cannot think without abstractions; accordingly, it is of the utmost importance to be vigilant in critically revising your modes of abstraction. It is here that philosophy finds its niche as essential to the healthy progress of society; It is the critic of abstractions. A civilisation which cannot burst through its current abstractions is doomed to sterility after a very limited period of progress. An active school of philosophy is quite as important for the locomotion of ideas, as is an active school of railway engineers for the locomotion of fuel. (SMW 59)

Es ist nach Whitehead also genuine Aufgabe der Philosophie, eine Kritik der jeweils an einem bestimmten Ort und zu einer bestimmten Zeit vorherrschenden Abstraktionen zu leisten, worin zugleich ihre gesellschaftliche Relevanz und Funktion liegt. So wie eine Gesellschaft Ingenieure benötigt, die sich dem Transportwesen annehmen, ist eine philosophische Praxis vonnöten, die sich mit den jeweils gegenwärtig in Anschlag gebrachten Abstraktionen auseinandersetzt: »Philosophy is the criticism of abstractions which govern special modes of thought.« (AI 222)[123] Whitehead folgt der radikal empiristischen Position von Willam James, wenn er daran festhält, dass die Philosophie nichts ausschließen darf, das tatsächlich erfahren wird – »[p]hilosophy can exclude nothing« (MT 2). Es ist damit ihre Aufgabe, die unerlässlichen Abstraktionen der empirischen Wissenschaften auf Basis der Fülle und Verschiedenartigkeit der Erfahrungsarten, vom *common sense*, ästhetischen und leiblichen über unbewusste bis hin zu künstlerischen und spirituellen Erfahrungen, einer kritischen Prüfung zu unterziehen. Sie untersucht in diesem Sinn, wie die Abstraktionen mit der sich ständig verändernde Erfahrung korrespondieren, wie sie gebildet werden und bezieht die in verschiedenen Feldern entstandenen Begriffe aufeinander. Diese Generalisierung und das In-Bezug-Setzen von aus unterschiedlichen Bereichen stammenden Begriffen vollzieht sich ohne eine kritische Prüfung derselben *implizit* und unbewusst,

123 In diesem Sinne beklagt Whitehead die oft missverstandene Aufgabe der Philosophie: »*The explanatory purpose of philosophy is often misunderstood. Its business is to explain the emergence of the more abstract things from the more concrete things. It is a complete mistake to ask how concrete particular fact can be built up out of universals. The answer is, ›In no way‹. The true philosophic question is, How can concrete fact exhibit entities abstract from itself and yet participated in by its own nature?*« (PR 20)

weshalb die Aufgabe der Philosophie so relevant ist: »The importance of philosophy lies in its sustained effort to make such [implicit] schemes [of thought] explicit, and thereby capable of criticism and improvement.« (PR xiv)

Da die Bifurkation, indem der Abstraktionsprozess unterschlagen wird, dem falschen Zugriff auf Abstraktionen entspringt - und es soll an dieser Stelle noch einmal erinnert sein, dass Whitehead keine Wissenschaftskritik bemüht, insofern er nicht die Newton'schen Physik an sich, sondern allein deren Interpretation, deren unzulässige Verallgemeinerung beanstandet –, ist diese für Whitehead auch und vor allem dem Versagen der modernen Philosophie geschuldet. Sie hat es nicht nur verpasst, auf den »Irrtum aller Irrtümer« (Wiehl 1986: 157), die *fallacy of misplaced concreteness* hinzuweisen, sondern diese Inkohärenz darüber hinaus fundiert und gerechtfertigt. Indem sie sich auf den Bereich des Geistes, des Subjektiven zurückgezogen hat, für den sie die mechanistisch materialistische Beschreibung zurecht als inadäquat zurückweist, akzeptiert sie diese zugleich implizit als angemessen für den Bereich der Natur und verfestigt damit ebenso die Aufspaltung der Realität in zwei Sphären. So bleibt der wissenschaftliche Materialismus mit seiner Exklusion jeglicher Qualitäten aus der ›ersten Natur‹ und seiner Vorstellung bloßer, passiver Materie und nackter Tatsachen unhinterfragt. Der ›Bereich des Objektiven‹ wird lediglich um den ›Bereich des Subjektiven‹ ergänzt – selbst haftet ihm nichts Subjektives an. Diese Exklusion von Subjektivität aus der Natur resultiert aber aus der unzulässigen Generalisierung einer Abstraktion, der Newton'schen Konzeption von Materie, die im Zuge der modernen Denktradition größtenteils bis heute als konkrete Wirklichkeit aufgefasst wird.

Anstatt diese unzulässige Verallgemeinerung der Newton'schen Materiekonzeption, die Verwechslung (des Resultats) einer Abstraktion mit der Wirklichkeit selbst zu problematisieren und darauf zu beharren, »daß [in der materialistischen Beschreibung, Anm. I.A.] etwas fehlte, und zwar das Allerwichtigste« (SMW 95*), nämlich die konkrete subjektive Erfahrung, macht die moderne Philosophie beim ›Wegerklären‹ mit (PR 17*) und sitzt so fortwährend selbst dem Trugschluss der falsch platzierten Konkretion auf.[124] Moderne Subjekttheorien basieren nach Whitehead in der Folge auf diesen impliziten Voraussetzungen einer verzweigten Natur. Wenn Whitehead den Kanon der modernen Philosophie von Descartes über Hume und Locke bis Kant als eine implizite Reaktion auf die Theorien der Bifurkation liest, überrascht es nicht, dass die Reaktion, *weil* sie implizit ist, dieser Konfiguration zutiefst verhaftet bleibt. Die Philosophie ist also nicht nur an der Bifurkation der Natur beteiligt, indem sie selbst dem materialistischen Weltbild aufsitzt und die damit verbundene Exklusion der Qualitäten aus dem Bereich der Natur weitgehend übernimmt, sondern fundiert dieses mit ihrem Rückzug ins Subjektive zugleich kategorisch. So stellt die Bifurkation der Natur Whitehead zufolge nicht nur bezogen auf ihre ›worldly consequences‹, ihre lebenspraktischen Auswirkungen eine Katastrophe in der Moderne dar, sondern gerade auch für die Philosophie, insofern diese ihrer Aufgabe, eine Kritik der jeweils gegenwärtigen Abstraktionen zu leisten, nicht nachgekommen ist.

---

124 Philosophie verliert dadurch, wie eben bemerkt, ihren Nutzen: »Philosophy destroys its usefulness when it indulges in brilliant feats of explaining away.« (PR 17)

5. A. N. Whiteheads radikale Rekonstruktion des Subjektbegriffs

»Reality is an active verb, and the nouns all seem to be gerunds with more appendages than an octopus. Through their reaching into each other, through their ›prehensions‹ or graspings, beings constitute each other and themselves. Beings do not preexist their relatings. ›Prehensions‹ have consequences. The world is a knot in motion.«
Donna Haraway (2003: 6)

Wenn Whitehead aufgrund seiner Deutung des modernen Denkrahmens die Aufgabe ableitet, eine Metaphysik zu entwerfen, in der die Natur nicht verzweigt und es damit zu keiner strikten Trennung von Natur und Geist und ihrer jeweiligen Wissensgebiete der materiellen und geistigen Dinge kommt, schließt dies nicht nur eine radikale Rekonstruktion des Naturbegriffs ein, sondern – insofern Whitehead davon ausgeht, dass gerade die neuzeitlich-moderne Konzeption von Subjektivität (wie damit verbunden Objektivität) entscheidend zur Bifurkation der Natur beigetragen hat – notwendig eine ebenso radikale Neubestimmung von Subjektivität. Entscheidend für seine radikale Rekonstruktion des Subjektbegriffs ist also seine Lesart der Moderne als von der Bifurkation gekennzeichneter historisch-diskursiver Formation, wie sie im vorigen Kapitel beschrieben wurde.

Eine solche Reformulierung des Subjektbegriffs beinhaltet für Whitehead, wie im letzten Kapitel schon angedeutet, nicht zuletzt die Aufhebung des Gegensatzes Natur/Subjektivität beziehungsweise Natur/Erfahrung: Anstatt das Subjekt aus der Natur auszuschließen und damit der Bifurkation Tür und Tor zu öffnen, ist Subjektivität bei Whitehead *Grundmerkmal der gesamten Wirklichkeit*. Psychische Strukturen sind demnach, wenn auch in graduellen Abstufungen, überall in der Natur vorhanden: »Mental activity is one of the modes of feeling belonging to all actual entities in some degree.« (PR 56) Und direkt anschließend: »[B]ut only amounting to conscious intellectuality in some actual entities.« (PR 56) Dementsprechend entwirft Whitehead, wie Helmut Holzhey bemerkt, auch »eine Ordnungs- anstelle einer Bewußtseinsstufenlehre« (Holzhey 1990: 36), innerhalb derer auch die strikte Trennung von Lebendigem und Unlebendigem eine Auflösung erfährt, insofern das Anorganische in Whiteheads *Philosophy of Organism* lediglich als ein Grenzfall des Organischen erscheint und das Organische sich in unzähligen Formen unterschiedlichster Komplexionsgrade organisiert.[125]

Wenn eine solche Verlagerung von Subjektivität in die Natur wie Whitehead sie vornimmt mit dem Ziel verbunden ist, die materialistisch-mechanistische Konzeption der ›natürlichen‹ Welt, wie sie sich aus der Bifurkation ergeben hat, zu korrigieren, darf Subjektivität auch kein »Privileg höher entwickelter Entitäten, geschweige denn eine ontologische Auszeichnung des Menschen« (Wiehl 2007: 30) mehr sein. In diesem Sinne weist Whitehead den modernen Anthropozentrismus, der Subjektivität (und dementsprechend auch den Menschen) außerhalb der Natur verortet, vehement zurück: »Pansubjektivismus«, so führt Reiner Wiehl aus, »heißt demnach bei Whitehead nicht nur die Einführung des Subjekts in die Natur und die Naturwissenschaft, sondern ebenso auch eine Naturalisierung der Subjektivität« (Wiehl 1990: 212). Für Whiteheads Theorie einer immanenten, allumfassenden Subjektivität gilt in diesem Sinne, was Bruno Latour viel später im Rahmen seiner *Actor-Network-Theory* formuliert hat:

> Subjectivity, corporeality, is no more a property of humans, of individuals, of intentional subjects, than being an outside reality is a property of nature. (Latour 1999b: 23)

Da es für Whitehead, soviel kann an dieser Stelle schon gesagt werden, »abgesehen von den Erfahrungen der Subjekte nichts gibt, nichts, nichts, absolutes Nichts« (PR 312*)[126], ist für dessen nicht-anthropozentrisches, pluralistisches Subjektverständnis sein reformulierter Erfahrungsbegriff grundlegend. In diesem Sinne erfährt

---

125 Vgl. auch Wiehl 2000: 45.

126 Dieses »reformierte subjektivistische Prinzip«, wie Whitehead es nennt, steht wiederum im Zeichen der Vermeidung der Bifurkation.

der Begriff der Erfahrung, ebenso wie der Subjektbegriff, eine fundamentale, metaphysische Erweiterung. Er deckt sich darum weder mit dem Bewusstseinsbegriff noch beschränkt er sich auf menschliche Subjektivität (was gemeinhin unter ›Subjekt‹ begriffen wird, ist bei Whitehead eine ›Gesellschaft‹[127]). Durch diese Verallgemeinerung und bewusste Verfremdung werden ›Erfahrung‹ wie ›Subjekt‹ bei Whitehead – und dies ist wichtig festzuhalten – zu *formal-technischen beziehungsweise metaphysisch-spekulativen* Begriffen und müssen daher stets aus ihrem ursprünglich bewusstseinsphilosophischen und anthropologischen Bedeutungszusammenhang herausgelöst werden. Seine Metaphysik ist demgemäß als explizit nicht auf den Bereich des Menschlichen beschränkt zu begreifen.

Im Allgemeinen ist Whiteheads Terminologie durch eine hohe Technizität beziehungsweise Formalität charakterisiert, die über weite Strecken klassisch philosophisch anmutet und darüber hinaus viele sonderbare und auf den ersten Blick unklare Begriffe enthält. Ein Grund dafür findet sich in Whiteheads Absicht, das bifurkationsgezeichnete Vokabular der Theorien der Moderne vermeiden zu wollen, ist doch die Inkohärenz tief in Begriffe wie ›Natur‹ und ›Subjekt‹ oder auch ›Raum‹ und ›Zeit‹ – die Liste ließe sich weiterführen – eingelassen. Insofern stellt bereits die Erarbeitung einer Terminologie, die nicht zu einer Verzweigung der Natur führt, eine schwierige Aufgabe dar. Whitehead bemerkt in *The Concept of Nature* bezüglich der begrifflichen Schwierigkeiten und Herausforderung, eine nicht-bifurkatorische Terminologie zu schaffen: »We are thus, in expounding an alternative doctrine, driven to the use of either strange terms or of familiar words with unusual meanings.« (CN 134) So verfolgt Whitehead allein über die Wahl seiner Terminologie, die von Verfremdung und zum Teil eigenartig wirkenden Neologismen gekennzeichnet ist, den Zweck, (spezialisierte) Denkgewohnheiten zu ›durch/kreuzen‹.[128] Eigenwillige Begriffe beziehungsweise bekannte Wörter mit atypischen

127 Vgl. hierzu Kap. 5 *Societies oder von Menschen, Steinen und Elektronen.*

128 Vgl. Sehgal 2016: 386.

Bedeutungen kennzeichnen demgemäß Whiteheads Begriffsuniversum und zeigen sich nicht zuletzt für die vielbeschworene Dunkelheit und Unverständlichkeit seines Denkens verantwortlich. Wenn Whitehead also Begriffe aus der Alltagssprache, wie beispielsweise ›feeling‹ oder ›decision‹, oder auch aus einzelnen Fachdisziplinen, wie ›judgement‹ aus der Logik oder ›prehension‹ aus der Psychologie, verwendet, wurden diese bewusst de-kontextualisiert und insofern metaphysisch und spekulativ generalisiert – »›feeling‹«, so Whitehead, »is a mere technical term« (PR 164) beziehungsweise »Words and phrases must be stretched towards a generality foreign to their ordinary usage« (PR 4). Indem er seine Begriffe mittels dieser metaphysischen Verallgemeinerung, beziehungsweise in Whiteheads Worten »imaginative generalization«[129] (PR 5), dezidiert nicht auf den Bereich der menschlichen Subjektivität (und Erfahrung) beschränkt,[130] sucht er nicht nur »der menschlichen Perspektive zu entkommen« (Stengers) und damit den Menschen als archimedischen Punkt der Analyse fallenzulassen, sondern ebenso dem »human-centered« (Haraway) modernen Denken, welches zwischen denkend-fühlenden und ›bloß materiellen‹ Substanzen unterscheidet. Dies zieht unweigerlich nicht nur eine radikale Neubestimmung von Natur nach sich, sondern eine ebenso radikale Rekonstruktion der für Whitehead eng verknüpften Begriffe von Subjektivität und Erfahrung.

---

129 Andere Namen für diese Methode sind »imaginative rationalization«, »imaginative construction« (PR 5) oder auch »descriptive generalization« (AI 234). Diese Formulierungen erinnern wiederum an die Haraway'sche Forderung, bei der theoretischen Konstruktion ›erfinderisch‹ zu sein (vgl. Kap. 2 *Relationalität und Prozessualität statt Substantialität und Fixiertheit*).

130 Vgl. hierzu auch Hampe: »*Durch diese Formalisierung werden die Begriffe dann auch in ganz anderen Zusammenhängen als denen des bewußten menschlichen Lebens anwendbar.*« Und weiter: »*Ihre Anwendung in diesen anderen Zusammenhängen* generalisiert *sie.*« (Hampe 1998: 108f.)

Die fundamentale Erweiterung des Erfahrungsbegriffs

Whitehead besteht in seiner Ablehnung der substanzmetaphysischen Voraussetzung der *simple location* darauf, dass das der Erfahrung Gegebene nicht primär als Vielheit atomistischer, distinkter Sinnesdaten gedacht werden kann und dementsprechend das, was primär erfahren wird, keine klaren und deutlichen Sinneseindrücke sind, sondern dass die »Basis des Erlebens und der Erfahrung emotional [ist]« (AI 326*).

> *Erfahrung ist für Whitehead, in Übereinstimmung mit Bergson und James, ›reine‹ Erfahrung in dem Sinne, dass sie in erster Linie ein Feld zahlloser möglicher Relationen und Bezugnahmen darstellt, unter denen Erkenntnis lediglich eine von vielen ist.* (Sölch 2014: 221)

Intellektuelle Erkenntnis ist damit lediglich *eine* von vielen Arten der möglichen Bezugnahmen oder Erfahrungstypen und für Whitehead darüber hinaus erst in den »komplexeren Fällen von Erfahrung gegenwärtig« (AI 326*). Sie stellt dahingehend bereits eine bedeutende Abstraktion von einer viel elementareren Situation dar, die von Whitehead als »das Aufkommen einer affektiven Tönung« (AI 326*) beschrieben wird und die darüber bestimmt, was ein Subjekt überhaupt ›betrifft‹, überhaupt ›Bedeutung‹ für ein Subjekt hat.[131] Einzig in dieser affektiven Hinsicht artikuliert sich in der Subjekt-Objekt-Relation tatsächlich »die fundamentalste Struktur der Erfahrung« (AI 326*). Erfahrung folgt in diesem Sinne nicht schon automatisch der Subjekt-Objekt-Struktur der begrifflichen Erkenntnis, die a priori festlegt, was erkennendes Subjekt und was erkanntes Objekt der Erfahrung ist. Allerdings bleibt Whitehead

131 »*The occasion as subject has a ›concern‹ for the object. And the ›concern‹ at once places the object as a component in the experience of the subject, with an affective tone drawn from this object and directed towards it.*« (AI 176) Es ist damit der Begriff der ›Bedeutung‹, der Whiteheads Gegenposition zu modernen Erfahrungstheorien zum Ausdruck bringt. Stephen Shaviro bemerkt in diesem Zusammenhang, dass Whitehead über seine Betonung des emotionalen beziehungsweise affektiven Charakters von Erfahrung, die zu einem affektbasierten Subjektbegriff führt, Ästhetik (von altgriechisch *aísthēsis* ›Wahrnehmung‹, ›Empfindung‹) ins Zentrum der philosophischen Reflexion rückt. Ästhetik ist dabei »*the mark of what Whitehead calls our* concern *for the world, and for entities in the world*« (Shaviro 2009: 46).

nicht bei der Feststellung einer dem Rationalen vorausgehenden wie über das Rationale hinausgehenden, vielfältigen Erfahrungswelt stehen, sondern analysiert ihre Struktur hinsichtlich grundlegender Zusammenhänge, um diese mithilfe der spekulativen Verallgemeinerung in den Bereich des Metaphysischen, und das heißt auch des Nicht-Menschlichen zu übertragen.

Den Ausgangspunkt seiner Überlegungen zur allgemeinen Struktur der Erfahrung und unterschiedlicher Erfahrungstypen bildet Whiteheads Wahrnehmungstheorie. Gemäß seiner Betonung der primär affektiven und körperlichen Dimension von Erfahrung unterscheidet Whitehead zwischen zwei Weisen des Wahrnehmens: ›*presentional immediacy*‹ (›präsentative Unmittelbarkeit‹) und ›*causal efficacy*‹ (›kausale Wirksamkeit‹). *Presentional immediacy* meint das, was alltagssprachlich und in der philosophischen Tradition seit Descartes unter Wahrnehmung verstanden wird: die Sinneswahrnehmung. Sie bezeichnet die zumeist bewusste, klare und deutliche Wahrnehmung, ist wesentlich von der Physiologie eines Organismus abhängig und höchst selektiv. Indem sie eine unmittelbare Vergegenwärtigung der mit dem wahrnehmenden Organismus zugleich existierenden Welt erzeugt, ist sie auf die Gegenwart beziehungsweise Gleichzeitigkeit gerichtet. Durch die vollständige Abstraktion von der zeitlichen Ausgedehntheit der Ereignisse, lässt sie die Welt als Ansammlung von unabhängig voneinander existierenden, allein räumlich bestimmten Objekten erscheinen, gleich einer Momentaufnahme. Die primäre Wahrnehmungssituation wird dementsprechend als das Auffassen einfacher, isolierter Sinneseindrücke begriffen und Erfahrung auf die Perzeption distinkter, klarer Sinnesdaten reduziert beziehungsweise mit Sinneswahrnehmung gleichgesetzt. Indem die Wahrnehmung in Form der vergegenwärtigenden Unmittelbarkeit also von den vielfältigen Verbindungen, besonders zeitlicher Art, absieht, ist sie mit ihr eine »Abstraktion hohen Grades« (AI 326*) verbunden.

Die Konzeption der Wahrnehmung als rein sinnliche beziehungsweise der sensualistische und impressionistische Erfahrungsbegriff entspricht oder folgt wiederum der auf dem Substanz-

Attribut-Schema beruhenden Newton'schen Vorstellung eines absoluten Raums, einer absoluten Zeit wie einer eigenständig existierenden Materie, die von einer ursprünglichen Unverbundenheit der räumlich, zeitlich und materiell separaten Dinge ausgeht, d.h. auf dem physikalistischen Paradigma der *simple location.* Relationen - kausale Beziehungen inbegriffen - werden als etwas Abgeleitetes interpretiert, das der Verstand beziehungsweise das erkennende Subjekt den ursprünglich a-relationalen Impressionen nachträglich hinzufügt - es handelt sich um eine *fallacy of misplaced concreteness.* Mit der Relativitätstheorie allerdings rückte die Relationalität von Raum, Zeit und Materie in den Mittelpunkt der naturwissenschaftlichen Überlegungen, womit ebenso eine grundlegende Revision der naturphilosophischen Implikationen der Theorie Newtons notwendig wurde.[132] So sucht Whitehead nicht zuletzt ausgehend von den naturwissenschaftlichen Entwicklungen seiner Zeit eine Erfahrungstheorie zu entwickeln, im Rahmen derer die mannigfachen Verknüpfungen der Dinge und Ereignisse, die universelle Relativität gedacht werden kann. Erfahrung stellt für Whitehead in diesem Sinne ein hoch komplexes Geschehen dar, das sich durch zahllose, vielfältige, sich verkettende und überkreuzende wie vornehmlich affektive Relationen auszeichnet und als Synthetisierungsprozess zu begreifen ist.[133] Reflexive Bezüge bilden in diesem Ereigniszusammenhang eher die Ausnahme und sind auch in existentieller Hinsicht am wenigsten bedeutend: »Clear, conscious discrimination is an accident of human existence. It makes us human. But it does not make us exist. It is of the essence of our humanity. But it is an accident of our existence.« (MT 116)

Whitehead folgt einem empiristischen Grundgedanken, wenn er die Verbundenheit der Wahrnehmungen, die Synthesen der Erfahrung in der primären Wahrnehmungssituation, auf der Ebene der Erfahrung selbst nachzuweisen sucht und nicht in den Verknüpfungsgewohnheiten der Vernunft.[134] In diesem äußerst nicht-

---

132 Vgl. Lachmann 2000: 14.

133 Vgl. hierzu Kap. 5 *Subjekte als relational-prozessuale Erfahrungsereignisse.*

134 Auch hier folgt Whitehead, wie in vielen anderen Punkten James' »Radikalem Empirismus«: »For such a philosophy, *the relations that connect*

anthropozentrischen Sinne reichen in Whiteheads Organismusphilosophie »[s]ymbolische Beziehungen und Übertragungen über den Bereich der menschlichen Sprachwelt hinaus« (Wiehl 2000: 45) und sind – mehr oder weniger ausgebildet – auf jeder Stufe der Organisation zu finden.

Laut Whitehead beinhaltet Wahrnehmung also weitaus mehr als die weitestgehend bewusste Erfahrung distinkter Sinnesdaten, nämlich in erster Linie das Erfahren von ›wirkender Kausalität‹ oder ›kausaler Wirksamkeit‹. Er nennt diese zweite, relationale Form der Wahrnehmung ›*causal efficacy*‹. Sie steht für das emotionale, körperliche Erfassen wirksamer, relationaler Eigenschaften, für das »dunkle, schwache Empfinden eines Kausalnexus« (PR 177, Übers. I.A.). Im Gegensatz zur klaren und deutlichen ›*presentional immediacy*‹ ist die Wahrnehmung in Form der ›*causal efficacy*‹ also formal unbestimmt und darum primitiv, verworren und vage. Sie kann anders als die sinnliche Wahrnehmung keinen bestimmten Sinnesorganen zugeordnet werden und wird als vages körperliches Gefühl erfahren. Whitehead zufolge bildet das unterschwellige unmittelbare Spüren oder Erfassen eigener und fremder Wirkung, des Wirkens und Bewirktwerdens den viel größeren, und das heißt vor allem gewichtigeren und primären Teil der Erfahrung. Whitehead insistiert damit darauf, »daß wir mehr erfahren, als uns bewusst wird« (Fetz 1999: 99) und dass die vage Erfahrung tiefer reicht als die bewusste.

Insofern jede konkrete Wahrnehmung Elemente sowohl der sinnlichen beziehungsweise symbolischen als auch der nicht-sinnlichen beziehungsweise vorsymbolischen Wahrnehmung enthält, sind beide nicht streng zu trennen. Intensität und Beteiligung jedoch variieren, wie zwischen trunkenen und nüchternen Zuständen, zwischen der kindlichen Erfahrung und der Welt eines*einer Erwachsenen, als auch zwischen den unterschiedlichen Organismen. Letzteres markiert einen bedeutenden Unterschied zwischen

---

experiences must themselves be experienced *relations [that is intern relations, Anm. I.A.], and any kind of relation experienced must be accounted as ›real‹ as anything else in the system.*« (James 2003: 22, Hervorh. im Orig.)

den beiden Wahrnehmungsweisen: Während die sinnliche Wahrnehmung Merkmal höher entwickelter Lebewesen ist, ist die Wirkwahrnehmung auf jeder Stufe der Organisation vorhanden:

> A flower turns to the light with much greater certainty than does a human being, and a stone conforms to the conditions set by its external environment with much greater certainty than does a flower. A dog anticipates the conformation of the immediate future to his present activity with the same certainty as a human being. When it comes to calculation, the dog fails. But the dog never acts as though the immediate future were irrelevant to the present. (SYM 42)[135]

Mit der Konzeption der *causal efficacy* beziehungsweise der *causal* oder *physical feelings* ist also eine radikale Erweiterung des Wahrnehmungsbegriffs, ein *nicht-anthropologischer, metaphysischer* Erfahrungsbegriff verbunden. Nicht nur Menschen, sondern alles, was es gibt, jedes Atom, jede Blume nimmt wahr, empfindet. Eine Äußerung, wie Melanie Sehgal bemerkt, »die sich nur vor dem Hintergrund eines sich implizit am bewussten, menschlichen Wahrnehmen orientierenden Erfahrungsbegriffs seltsam anhört, wie er die moderne Philosophie prägt« (Sehgal 2016: 209f.). Soll aber die auf Inkonsistenzen und Widersprüchen beruhende Verzweigung der Natur und damit der Dualismus von Mentalem und Materialität, die »bifurcation of actualities« (PR 289) überwunden werden und in diesem Sinne menschliches Bewusstsein ebenso wie das Verhalten von Atomen nicht einfach reduktionistisch ›wegerklärt‹ (PR 17*) werden, müssen für beide grundsätzlich *dieselben Kategorien der Erklärung* gelten. Dass »die organistische Philosophie der ganzen wirklichen Welt ›Empfinden‹ [›feeling‹] zu[spricht]« (PR 330*), ist daher auch in Hinblick auf die theoretische Stringenz nur folgerichtig. Nur so wird darüber hinaus Bewusstsein überhaupt erklärbar. Denn dieses kann nicht einfach irgendwann plötzlich im evolutionären Prozess aus empfindungsloser Materie entstanden sein – »there is nothing which floats into the world from nowhere« (PR 244). Auch kann das Verhalten von Materie nicht völlig (kau-

135 Hunde können sehr wohl rechnen und Ableitungen anstellen, allerdings wahrscheinlich nicht die kompliziertesten. Dies ist der Sachverhalt, den Whitehead hier betonen möchte.

sal) determiniert sein, soll das hohe Maß an Selbstbestimmungsfähigkeit, das mit bewusster Erfahrung einhergeht, erklärbar werden.[136] Bewusstsein ebenso wie die materiellen Dinge müssen daher aus demselben ›Stoff‹ gemacht sein: »Wir selbst sind in demselben Sinne Elemente dieser Welt wie die anderen Dinge, die wir wahrnehmen« (SMW 109*). Wir teilen daher eine »gemeinsame Welt« und »diese Welt [ist] ein Komplex von Dingen [...], zu denen tatsächlich auch unsere Erkenntnisakte gehören, wenn sie diese auch transzendieren« (SMW 108*).[137] Hierin zeigt sich - etwas vorausgreifend - ebenso Whiteheads pluralistischer Monismus. Er sucht nach einem Erklärungsmodell, das zugleich alle Existenzweisen als auch die Vielfältigkeit der Existenz erfassen soll - auch bekannt als das Problem von Einheit und Vielheit. Mit seinem Konzept der ›*actual entity*‹ versucht er, diesem sowohl monistischen als auch pluralistischen Anspruch Rechnung zu tragen; mit ihm verbindet sich daher auch der Deleuze-Guattari'schen ›Wunsch‹, »zu der Zauberformel zu kommen, die wir alle suchen: *Pluralismus = Monismus*, und dabei durch alle Dualismen hindurchzugehen« (Deleuze/Guattari 1992: 35).[138]

Whitehead zufolge ist der primäre Modus der *causal efficacy* Bedingung von Sinneswahrnehmung und Bewusstsein. Beide sind daher nicht nur als fundamental körperlich und emotional verankert, sondern darüber hinaus als grundlegend von der *causal efficacy* abhängig zu begreifen. Bewusste, klare Erfahrung passiert daher auch beim Menschen nur gelegentlich und ist nicht notwendige Grundlage von Erfahrung: »The simplicity of clear consciousness is

---

136 Allem, was es gibt Empfindungsfähigkeit zuzugestehen beinhaltet daher auch, Kausalität radikal neu zu fassen: Whitehead begreift sie als die Übertragung von Empfindungen zwischen zwei Erlebensvorgängen. Vgl. hierzu auch die Ausführungen weiter unten und Kap. 4 *Subjektivität versus Natur*.

137 Vgl. hierzu auch Lachmann: »*Entscheidend für das Verständnis von Whiteheads Argumentation ist die doppelte Sichtweise, nach der das Sein alles Seienden, einschließlich dem der äußeren Dinge, genauso beschrieben wird, wie sich nach seiner Auffassung die Strukturen unseres Erfahrungsstroms darstellen.*« (Lachmann 2000: 32).

138 Vgl. hierzu PR 19 und PR 21. Beziehungsweise u.a. auch Lotter 1996: 226 oder Lowe 1990: 173f.

no measure of the complexity of complete experience. [...] consciousness is the crown of experience, only occasionally attained, not its necessary base.« (PR 267) In der modernen Philosophie aber, bei den klassischen Empiristen ebenso wie bei Kant, wurde der Erfahrungsprozess vom falschen Ende her, »the wrong end first« (PR 162), gedacht: Ihre Analyse beginnt bei den Sinnesdaten, die im Rahmen einer Konstruktionsleistung entweder vom Verstand, so bei Kant, oder, wie bei Hume, von der Gewohnheit verknüpft werden. Anstatt bewusste, reflexive Erfahrung als Resultat und Höhepunkt eines Prozesses, der gelegentlich aber nicht zwangsläufig geschieht, zu begreifen, wird Bewusstsein und Reflexivität als Anfangspunkt, sogar als Voraussetzung von Erfahrung überhaupt aufgefasst. Der Erfahrungsprozess verläuft aber genau in umgekehrter Richtung, nämlich von den primitiven Erkenntnisvermögen zu den komplexen. Insofern macht das Wirkerleben die Sinneswahrnehmung allererst möglich beziehungsweise setzt letztere die Wirkwahrnehmung eigentlich voraus.[139] Existentiell bedeutender und darum metaphysisch fundamentaler als die bewusste und reflexive Erfahrung ist damit das konfuse, vage und körperliche Erfassen der wirkenden Kausalität. Darum, so Whitehead, sei der Kritik der reinen Vernunft auch eine »critique of pure feeling« (PR 113) voranzustellen. Als eine solche ›Kritik des reinen Gefühls‹ versteht Whitehead denn auch seine *Philosophy of Organism*. Eine der zentralen Grundlagen einer solchen Kritik bildet die *Umkehrung der Ereignisabfolge im Erfahrungsprozess*. Daraus folgt auch, dass die Analyse des Bewusstseins metaphysisch nicht mehr prioritär ist, insofern Bewusstsein wie beschrieben, wenn überhaupt, erst in einer relativ späten und komplexen Phase des Erfahrungsprozesses entsteht.[140] Erfahrung folgt daher nicht notwendigerweise der Subjekt-

---

139 Whitehead zufolge handelt es sich bei Körperwahrnehmungen um nichts Anderes als um das Spüren oder Erleben (*feeling*) der kausalen Wirksamkeit. Sie sind für ihn daher der empirische Beweis kausaler Relationen (vgl. auch Hampe 1990: 122). Aber auch Dinge nehmen mit größter Empfindsamkeit Veränderungen wahr. Man denke beispielsweise an ein Barometer, das auf die kleinsten Temperaturschwankungen reagiert (vgl. Lachmann 2000: 20f.)

140 *»To sum up: (i) Consciousness is a subjective form arising in the higher phases of concrescence. (ii) Consciousness primarily illuminates the higher phase in which*

Objekt-Struktur begrifflicher Erkenntnis, womit ebenso die klassische Prämisse ›keine Erfahrung ohne Bewusstsein‹ fällt. Demgemäß verliert aber auch das menschliche Subjekt seine übergeordnete Position als Dreh- und Angelpunkt der Analyse. Und damit erfüllt Whitehead eine zentrale Forderung kritisch posthumanistischer Theorie, nämlich das menschliche Individuum als selbstverständlichen Ausgangs- und Bezugspunkt der theoretischen Konstruktion radikal zu hinterfragen, wenn nicht sogar hinter sich zu lassen.[141]

Die Überbewertung der Funktion der Sinneswahrnehmung und des Bewusstseins im Erfahrungsprozess oder andersrum: die Vernachlässigung der Erfahrung im Modus der kausalen Wirksamkeit zeigen sich Whitehead zufolge denn auch für viele Probleme innerhalb der philosophischen Tradition der Moderne verantwortlich. Für ihn hängt die ganze philosophische Konstruktion vom Erfahrungsbegriff ab: »It is impossible to scrutinize too carefully the character to be assigned to the datum in the act of experience. The whole philosophical system depends on it« (PR 157). Einen Teil von Erfahrung - noch dazu den wichtigeren und fundamentaleren - fast vollständig außer Acht zu lassen, kann demgemäß nicht ohne Folgen für einen philosophischen Entwurf bleiben. Die philosophische Übergewichtung bewusster und deutlicher Erfahrung beziehungsweise die Vertauschung von primären und sekundären Erfahrungen ist Whitehead zufolge auf die grundlegende Verwechslung des Primären und des Abgeleiteten, also auf die *fallacy of misplaced concreteness* zurückzuführen. Er macht den Grund dieses intellektualistischen Fehlschlusses unter anderem in der empirischen Unzugänglichkeit der *causal efficacy* aus: »[C]onsciousness only dimly illuminates the prehensions in the mode of causal efficacy, because these prehensions are primitive elements in our experience.« (PR 162) Wir nehmen also die Übertragung der Sinnesdaten

it arises, and only illuminates earlier phases derivatively, as they remain components in the higher phase. (iii) It follows that the order of dawning, clearly and distinctly, in consciousness is not the order of metaphysical priority.« (PR 162)

141 Vgl. Kap. 2. *Dezentrierung des Menschen und kritisch posthumanistische Subjektivität.*

im Körper, die eine gewisse Zeit in Anspruch nimmt, nicht wahr, wodurch die späteren Elemente zugleich die bewusstesten sind – »the late derivative elements are more clearly illuminated by consciousness than the primitive elements« (PR 162) Ferner ist für den Menschen die Sinneswahrnehmung – nicht in existentieller Hinsicht, aber auf die Erfahrung bezogen – die wichtigere Form der Wahrnehmung.

Die Verkennung der unumkehrbaren Reihenfolge im Erfahrungsprozess aber hat »fatale Konsequenzen für die richtige Analyse eines Erfahrungsereignisses«. Whitehead führt darauf sogar »die meisten Schwierigkeiten der Philosophie« (PR 303*) zurück. Die Vernachlässigung der *causal efficacy* ist daher ebenso im diskursiven Rahmen der von der Bifurkation der Natur bestimmten modernen Philosophie begründet. In diesem diskursiven Rahmen hat sich die Philosophie, wie Melanie Sehgal bemerkt, die Möglichkeit verstellt, sich auf empirisches Wissen zurückzubeziehen, d.h. sie hat sich von einem Wissensbereich abgeschnitten, der das Experiment und eigene Analyseverfahren entwickelt hat.[142] Bezogen auf die Frage der Funktionsweise der Wahrnehmung ist ein Rückbezug auf Psychologie und Physiologie laut Whitehead daher unbedingt notwendig: »No doctrine of sense-perception can neglect the teaching of physiology.« (AI 214) Die Mängel der philosophischen Erkenntnistheorie hätten in einem Rückbezug auf die Erfahrungswissenschaften deutlich werden können, es »hätte sich zeigen können, dass es sich bei dem Erfahrungsbegriff Humes, Lockes oder Kants um eine unzulängliche Generalisierung handelt, von einem bestimmten und beschränkten Modus von Erfahrung auf Erfahrung in ihrer Gänze« (Sehgal 2016: 212). Diese unzulängliche Verallgemeinerung beziehungsweise die Reduktion von Erfahrung auf Sinneswahrnehmung lässt nicht nur erkennen, dass die Wahrnehmung in Form der *presentional immediacy* für die Beschreibung

[142] Dies gilt ebenso für das Verhältnis der Erfahrungswissenschaften zur Philosophie. Auch diese haben zu ihrem Nachteil im Rahmen des diskursiven Settings der Bifurkation auf das spezifische Wissen der Philosophie verzichtet.

menschlicher Erfahrung unzureichend ist,[143] insofern sie lediglich für ganz spezifische und rare Erfahrungszustände gilt, sondern in ihr zeigt sich zusätzlich der in die Philosophie der Moderne tief eingeschriebene Anthropozentrismus.

Dass »Bewußtsein zwar Erfahrung voraussetzt, Erfahrung aber nicht Bewußtsein« (PR 115*, PR 53) bildet die Grundlage für Whiteheads metaphysischen, nicht-anthropozentrischen Erfahrungsbegriff, die Basis seiner »critique of pure feeling« (PR 113).[144] Erfahrung ist damit und unter Rückgriff auf Erkenntnisse der Physiologie zuallererst und notwendig affektiv und Bewusstsein als relativ spät und nicht notwendig auftretender Modus der Erfahrung zu begreifen. Wenn »die organistische Philosophie der ganzen wirklichen Welt ›Empfinden‹ [›feeling‹] zu[spricht]« (PR 330*), *feelings* auf jeder Stufe der Organisation vorhanden sind, muss alles, was wirklich existiert in der Lage sein, Gefühle zu haben. Und da das Empfinden nicht von seinem Subjekt abstrahiert werden kann,[145] muss die Wirklichkeit als Hierarchie durchweg gegebener,

---

143 *»Human nature has been described in terms of its vivid accidents, and not of its existential essence. The description of its essence must apply to the unborn child, to the baby in its cradle, to the state of sleep, and to that vast background of feeling hardly touched by consciousness.«* (MT 115f.) Um, wie eben erwähnt, die Bifurkation zu vermeiden und also nichts ›wegzuerklären‹, müssen für jegliche Phänomene grundsätzlich dieselben Kategorien der Erklärung gelten.

144 Es gibt niemals uninterpretierte Erfahrung, aber Erfahrung, die als Grundmerkmal der Wirklichkeit überall in der Natur vorhanden ist, muss keinesfalls selbstbewusst sein. Whitehead bemerkt in diese Kerbe schlagend lakonisch: *»[E]xperience is a complex of failure and success in the enterprise of interpretation. If we desire a record of uninterpreted experience, we must ask a stone to record its autobiography.«* (PR 15)

145 *«The feelings are inseparable from the end at which they aim; and this end is the feeler. The feelings aim at the feeler, as their final cause. The feelings are what they are in order that their subject may be what it is.«* (PR 222) Gefühle sind damit die basalen Verhaltensweisen konkreter Subjekte. Sie sind für Whitehead – mit Descartes – darüber hinaus sinnlich-emotionale Erkenntnisse: *»But the word ›feeling‹, as used in these lectures, is even more reminiscent of Descartes. For example: ›Let it be so; still it is at least quite certain that it seems to me that I see light, that I hear noise and that I feel heat. That cannot be false; properly speaking it is what is in me called feeling* (sentire)*; and used in this precise sense that is no other thing than thinking‹.«* (PR 41)

wenn auch unterschiedlich stark ausgeprägter Subjektivität beschrieben werden.[146] Mentale Strukturen sind damit ein Grundmerkmal von Realität und der Unterschied zwischen Mentalität und Materialität ist aus dieser Perspektive lediglich einer des Grades, keinesfalls aber eine metaphysisch primäre Differenzierung. In der Tat belegen neueste naturwissenschaftliche Forschungen, dass selbst Bakterien eine rudimentäre Form des Mentalen aufweisen und daher auch entscheidungsfähig sind: »[B]acteria are sensitive, communicative and decisive organisms [...] bacterial behaviour is highly flexible and involves complicated decision-making«.[147] Dasselbe gilt für Zellen, Schleimpilze, Pflanzen, Fruchtfliegen.[148] Ebenso scheint die Quantenphysik zu implizieren, dass die kleinsten Bausteine der Materie, die Elementarteilchen, gewisse mentale Fähigkeiten besitzen müssen, will man ihre Verhaltensweisen adäquat erklären.[149] Whiteheads »panexperimentalism« (Griffin 2007) oder »Pansubjektivismus« (Wiehl 1990) bedeutet nicht, dass alles in derselben Weise und Intensität wahrnimmt, dass die Empfindungen eines Steins dieselben sind wie die eines Menschen – »[i]t is obvious that a structured society may have more or less ›life‹« –, aber dass es keine absoluten, sondern lediglich graduelle Unterschiede des Lebens gibt: »[T]here is no absolute gap between ›living‹ and ›non-living‹ societies.« (PR 102)[150] Whitehead insistiert damit gegen die Bifurkation im Naturbegriff, dass »jede Wirklichkeit [actuality] [...] ihrem Wesen nach bipolar, physisch und geistig [ist]« (PR 210*) und widerspricht in diesem Sinne einem weiteren,

---

146 Der Subjektbegriff wurde damit pluralisiert und dementsprechend kann auch der Begriff des Objekts nicht unverändert bleiben. Vgl. hierzu Kap. 5 *Subjekte als relational-prozessuale Erfahrungsereignisse*.

147 Devitt, Susannah Kate 2007, zit. nach Shaviro 2009: 92.

148 Vgl. Shaviro 2009: 92f.

149 Vgl. Griffin 2007: 60; Shaviro 2009.

150 Whiteheads »Metaphysik der Subjektivität« kann dementsprechend auch als »Metaphysik des Lebens und der Lebensprozesse« (Wiehl 1986) beschrieben werden.

äußerst hartnäckigen Dualismus innerhalb der westlichen Philosophie: Dem Dualismus zwischen Organischem und Anorganischem.[151]

Subjekte als relational-prozessuale Erfahrungsereignisse

Soll die Verzweigung der Natur überwunden werden, darf es keine »bifurcation of actualities« (PR 289) geben und daher nicht zwischen fühlend-denkenden Entitäten einerseits und ›bloß materiellen‹ Entitäten andererseits unterschieden werden. Die Annahme von »vacuous actualities«, von Entitäten »void of subjective experience« (PR 167) lehnt Whitehead daher strikt ab. Damit aber müssen »alle fundamentalen individuellen Wirklichkeiten metaphysisch gesehen den Charakter von Erlebensvorgängen [occasions of experience] haben« (AI 392*); sie müssen als empfindende, d.h. »erfahrende Subjekte« (PR 54*) in einem nicht-anthropologischen Sinn verstanden werden, wobei Erfahrung als aktiver, synthetisierender Vollzug begriffen werden muss, in welchem eine Vielzahl von ›Objekten‹ in die Einheit eines einzigen, epochalen, d.h. abgeschlossenen Erfahrungsmoments gebracht wird. Damit ist neben dem Erfahrungsbegriff auch der Begriff des Subjekts *metaphysisch verallgemeinert* wie *pluralisiert* worden: Subjektivität ist *überall* in der Natur vorhanden, nicht mehr an Bewusstsein gekoppelt und daher auch kein alleiniges Prädikat des Menschen mehr.

Die kleinste »individual unity of experience« (PR 129), den kleinsten, individuellen Erlebensvorgang – das metaphysische Herzstück der Organismusphilosophie – nennt Whitehead ›*actual entity*‹, ›*actual occasion*‹ oder auch ›*organism*‹. Whitehead begreift sie in Anlehnung an William James‹ ›Erfahrungsstrom‹ als Erfahrungsprozesse im oben beschriebenen Sinne. Sie sind aus dem

---

[151] So bemerkt auch Karan Barad: »*The inanimate-animate distinction is perhaps one of the most persistent dualisms in Western philosophy and its critiques; even some of the most hard-hitting critiques of the nature-culture dichotomy leave the animate-inanimate distinction in place. It takes a radical rethinking of agency [and therefore also subjectivity, Anm. I.A.] to appreciate how lively even ›dead matter‹ can be.*« (Barad 2007: 419, Fn. 27)

anthropologischen wie bewusstseinsphilosophischen Zusammenhang gelöste »drops of expierence, complex and interdependent« (PR 18). Whitehead beschreibt sie als dynamisch-kreative Prozesse des ›Zusammenwachsens‹ der Bezugnahmen (›*concrescence of prehensions*‹), als Synthesis- und Integrationsprozesse, durch die die *drops of experience* die anderen ›fühlen‹ oder ›erfassen‹ (›*prehension*‹[152]) wie die für sie relevanten anderen einbeziehen (›*positive prehension*‹) und sich dadurch gegenseitig wie sich selbst konstituieren:

> *Through their reaching into each other, through their ›prehensions‹ or graspings, beings constitute each other and themselves.*[153] (Haraway 2003: 6)

Die Welt wird dadurch zu einer Welt der mannigfachen, perspektivischen, sich gegenseitig erfassenden Ereignisse, sie wimmelt von sich berührenden, sich überschneidenden und sich verkettenden Subjekten. Ontologisch ist dann nicht mehr das selbstständig Vorliegende das Zugrundeliegende oder primär Vorhandene, sondern der *relationale Werdeprozess* der *drops of experience*.[154] Insofern *actual entities* damit auch fortwährend auseinander hervor und ineinander übergehen, konstituieren sich kontinuierlich multiple, *momenthafte Perspektiven* und es kommt zu einem »Ineinandersein von Prozessen« (Wiehl 2007: 31) beziehungsweise zu einem »Ineinandersein von Subjektivität« (Wiehl 1986).

---

152 Whitehead verwendet den Neologismus ›prehensions‹ um die Prozesse des gegenseitigen Fühlens, der gegenseitigen Bezugnahmen von *actual entities* zu beschreiben. Er vermeidet damit ganz bewusst die implizit im Bereich der menschlichen Wahrnehmung und des menschlichen Denkens verankerten Begriffe ›apprehension‹ oder ›comprehension‹: »*The word* perceive *is, in our common usage, shot through and through with the notion of cognitive apprehension. So is the word* apprehension, *even with the adjective* cognitive *omitted. I will use the word* prehension *for* uncognitive apprehension*: by this I mean* apprehension *which may or may not be cognitive.*« (SMW 70)

153 Zur Welt einer *actual entity* gehören dabei nur jene Entitäten, zu denen sie aktuale, d.h. konkrete Beziehungen unterhält. Damit ist auch die kritisch-posthumanistische Forderung eines situierten Verständnisses von Subjektivität eingelöst.

154 Auch die Erkenntnisse der heutigen Naturwissenschaften deuten darauf hin, dass alles Existierende relational konstituiert und prozessual beschaffen ist (Vgl. Lachmann 2000: 20).

To be one is always to become with *many.* (Haraway 2008: 4)

Versteht man Subjektivität in diesem Sinne als genetische, können begrifflich mehrere Aspekte unterschieden werden, die aber *in realita*, und Whitehead wird nicht müde daran zu erinnern, niemals getrennt existieren: es gibt das ›Subjekt‹ selbst (i), das ›reine Gefühl‹ (›pure feeling‹) (ii), die ›subjektive Form‹ dieses Gefühls (iii) und das Resultat oder den abgeschlossenen Realisierungsakt oder das ›Ziel‹ des Empfindens (iv). Diese Aspekte sind lediglich Teilaspekte eines *integrativen, epochalen Ganzen*, so dass jeder Aspekt für sich selbst betrachtet eine Abstraktion darstellt und darum bedeutungslos ist.[155]

Einmal durch den Prozess der Verflechtung der Relationen als neue Einheit konstituiert - in Haraways Worten »becoming-with«, »co-becoming« oder »co-constitution«[156] –, werden die *occasions of experience* zum Objekt, zum »*stubborn fact*« (PR xiv) für die ihnen nachfolgenden *actual entities* oder ›objektiv unsterblich‹: »[A]ctual entities ›perpetually perish‹ subjectively, but are immortal objectively.« (PR 29). Jedes Subjekt geht daher als Objekt, das es geworden ist, in die ihm nachfolgenden Subjekte ein sowie aus diesen hervor, womit sie im gewordenen Etwas zusammenfallen.[157] Damit aber stehen *actual entities* stets im Spannungsfeld zwischen Subjektivität und Objektivität und Subjekt und Objekt werden im Prozess der Beziehungen, welche sie miteinander eingehen und aus denen sie hervorgehen, ihren *prehensions* oder *intra-actions* (Barad) zu *relativen wie funktionalen Kategorien*:

There are no pre-constituted subjects and objects. (Haraway 2003:6)

---

155 »*Jedes Element, das aus seinem konkreten Gesamtzusammenhang durch Abstraktion herausgelöst wird und in seiner Vereinzelung und als abstrakte Entität für sich genommen wird, hat keine Bedeutung.*« (Wiehl 1986: 143)

156 Haraway interessiert sich vor allen Dingen für diesen Aspekt der Whitehead'schen Philosophie. Vgl. hierzu Kap. 2 *Dezentrierung des Menschen und kritisch posthumanistische Subjektivität.*

157 Dies ist ebenso bei Barad der Fall. Vgl. hierzu die Ausführungen in Kap. 2. *Relationalität und Prozessualität statt Substantialität und Fixiertheit.*

Erst und ausschließlich nach dem *concrescence*-Prozess, dem Prozess des Eintretens der Vielen in eine neue Einheit und in Relation zu anderen *actual entities* sind die Kategorien von Subjekt und Objekt daher in der begrifflichen Abstraktion anwendbar und gültig. Whitehead formuliert dementsprechend auch keine allumfassende Kritik an der Differenzierung von Subjekt und Objekt oder auch von Körper und Geist: Er löst die Differenz viel weniger auf als sie – indem er sie als metaphysische Prämisse aufgibt – zu reinterpretieren.

Das, was eine *actual entity* in der Verknüpfung der Bezugnahmen, die sie ausmachen *für sich selbst* als »*individual* unity of experience« (PR 129, Hervorh. I.A.), d.h. als ›Subjekt‹ ist, bezeichnet Whitehead auch als ihre »private Seite«oder ihren »psychischen Pol«; nachdem sie aber *zugleich und immer* auch für andere ist, besitzt sie ebenso eine objektive, eine »öffentliche Seite« beziehungsweise einen »physischen Pol«. In Hinblick auf ihre Privatheit ist eine *actual entity* ein ›Subjekt‹, eine psychische Struktur, die sich selbst aus den ihr gegebenen Daten in ihrem Werden schöpft indem sie andere integriert. Ein und dieselbe *actual entity* ist aber, bezogen auf ihren physischen, öffentlichen Aspekt, ebenso ein ›Objekt‹, »es geht nämlich aus der Öffentlichkeit [d.i. den ihr gegebenen Daten, Anm. I.A.] hervor, die es vorfindet, und fügt sich selbst der Öffentlichkeit hinzu, die es [auf andere *actual entities*, Anm. I.A.] überträgt« (PR 524*) – »[t]he many become one, and are increased by one« (PR 21).[158] Eine *actual entity* ist damit einerseits von ihrer aktualen Welt abhängig, zugleich aber geht sie immer über diese hinaus, überschreitet verfestigte Strukturen und konstituiert sich

---

158 Die sehr zentrale Passage aus *Process and Reality* liest sich folgendermaßen: »*The novel entity is at once the togetherness of the ›many‹ which it finds, and also it is one among the disjunctive ›many‹ which it leaves; it is a novel entity, disjunctively among the many entities which it synthesizes. The many become one, and are increased by one. In their natures, entities are disjunctively ›many‹ in process of passage into conjunctive unity. This Category of the Ultimate replaces Aristotle's category of ›primary substance‹.*« (PR 21). Damit stellt jede *actual entity* ebenso die Frage der Ordnung neu. Indem sie sich hinzufügt, kann sie – wie ein roter Farbklecks ein Bild – die gesamte Ordnung verändern – Realität ist damit nichts Starres, Unveränderliches, sondern »*[r]eality is an active verb*« (Haraway 2003: 6).

selbst in ihrem Prozess des Werdens.[159] Damit hat Whitehead zwei weitere grundlegende und untrennbare Aspekte von Prozessualität benannt, denen er im Konzept der *actual entity* Rechnung trägt: Prozesse als geordnete und Ordnungen in Bewegung. *Drops of experience* oszillieren daher auch zwischen Finalität und Kausalität, zwischen Selbstverursachung und Wirkverursachung; sowohl determiniert als auch frei, kommt ihnen damit ein gewisses Maß an Selbstbestimmung und Handlungsfähigkeit zu:

> This category [the Category of Freedom and Determination, Anm. I.A.] can be condensed into the formula, that in each concrescence whatever is determinable is determined, but that there is always a remainder for the decision of the subject-superject [i.e. actual entity, Anm. I.A.] of that concrescence. [...] This final decision is the reaction of the unity of the whole to its own internal determination. This reaction is the final modification of emotion, appreciation, and purpose. (PR 27f.)

Wie eine *actual entity* die ihr vorangegangenen, ihr zur Verfügung stehenden anderen Erfahrungsereignisse, die ihr gegebenen ›Daten‹ *bewertet*, ob etwas für sie von Interesse (*concern*) ist, ob sie das, was sie fühlt integriert oder ablehnt – es gibt *negative* und *positive prehensions* – und wie sie es vereint, obliegt also ihrer – bewussten oder unbewussten – ›Entscheidung‹.[160] Damit ist ein weiteres, überwiegend auf den Bereich des Menschlichen beschränktes Konzept spekulativ erweitert worden: Handlung ist nicht mehr an Bewusstsein geknüpft und daher auch keine ontologische Auszeichnung des Menschen mehr. Whitehead spricht daher auch von der »elementare[n] Freiheit der Dinge, die jenseits aller Bestimmungen liegt« (PR 105*). Jedes Erfahrungsereignis ist damit nicht nur ein handelnder, aktiver Prozess, sondern ebenso ein kreativer,[161] und jedes Ereignis besitzt daher auch eine einzigartige »subjektive Form« und ein »subjektives Ziel«, in dem sich seine Individualität

---

159 Es gibt daher auch keine totale Abhängigkeit des Werdens von der Struktur.

160 *»[Die subjektive Form] kann Bewußtsein enthalten oder nicht [...].«* In jedem Fall aber *»[wird sie] Abneigung oder Zuneigung einschließen, das heißt, eine Entscheidung«* (PR 476*).

161 Historische Entwicklung, die sich nun ebenso wie Subjektivität auf die Natur erstreckt, folgt daher gemäß Whitehead auch nicht der Maxime der Notwendigkeit, sondern jener der Kreativität.

ausdrückt und das es auf seine ›Erfüllung‹ hin ausrichtet: »Each actual entity is conceived as an act of experience arising out of data. It is a process of ›feeling‹ the many data, so as to absorb them into the unity of one individual ›satisfaction‹.« (PR 40) In seinem Synthesis- beziehungsweise Integrationsprozess strebt jeder *act of experience* also immer auch nach »satisfaction«, »self-fulfillment« beziehungsweise »self-enjoyment« und enthält damit in seiner Entscheidung grundlegend das Moment der Wertung. *Actual entities* haben daher auch einen Wert *für sich selbst*, womit intrinsische Werthaftigkeit in die Natur hineinverlängert wird. Diese kann somit nicht mehr als »meaningless complex of facts« (MT 132) begriffen wird.[162] Darüber hinaus kommt es mit der Whitehead'schen Umwertung des Wertbegriffs zu einer weiteren Demontage eines klassischen und über die Bifurkation der Natur vermittelten Dualismus, nämlich jenem zwischen (wertlosen) Tatsachen und (menschlichen) Werten.

Als empfindend-erfassender, als relationaler *act of experience* ist jede *actual entity*, jedes Subjekt als *kreativer Vollzug* oder Vorgang zu verstehen. Sie weisen daher notwendig eine prozessuale Struktur auf. Gemäß Whiteheads Begriff von Prozessualität müssen sie als vorübergehende, *flüchtige Ereignisse* begriffen werden, die wesentlich Entstehen und Vergehen implizieren – »kein Subjekt erfährt zweimal« (PR 76).[163] Ein Grundmerkmal der *actual entities* ist daher ihre ›atomistische‹ Zeitstruktur. Zeit ›atomistisch‹ oder ›epochal‹ zu begreifen bedeutet, Zeit aus abgegrenzten Ganzheiten bestehend aufzufassen, die zwar zeitlich ausgedehnt sind, selbst aber nicht mehr in zeitliche Abschnitte zerlegt werden können.[164] Jede *actual entity* muss als eine ungeteilte Dauer, als unteilbarer Werdeprozess aufgefasst werden, der nur wird und vergeht, sich aber nicht verändert: »Actual entities perish, but do not change;

---

162 Vgl. hierzu Kap. 4 *Natur als ›meaningless complex of facts‹*.

163 Das vollständige Zitat lautet: *»Die alte These, daß ›es nicht möglich ist, zweimal in denselben Fluß zu steigen‹, wird erweitert. Kein Denker denkt zweimal; und, um es noch allgemeiner zu fassen, kein Subjekt erfährt zweimal.«* (PR 76*) Erfahrung ist daher auch niemals identisch reproduzierbar.

164 Vgl. Sölch 2014: 287.

they are what they are.« (PR 35) Whitehead bespricht in diesem Zusammenhang – dem Verhältnis von Kontinuität und Diskontinuität – das Zenon'sche Pfeilparadoxon: Insofern Zenon annimmt, dass jedes Werden auf etwas gründet, *das* wird, wie auch, dass Werden in diskrete Abschnitte zerlegbar ist, setzt er das Substanz-Attribut-Modell voraus. Im Whitehead'schen Begriffsuniversum wird daher auch zwischen ›Veränderung‹ und ›Werden‹ unterschieden. Es kann für ihn nur »ein Werden von Kontinuität, aber keine Kontinuität des Werdens« geben, »[a]nders gesagt, Ausgedehntheit wird, aber ›Werden‹ ist selbst nicht ausgedehnt« (PR 87*):

> There is a prevalent misconception that ›becoming‹ involves the notion of a unique seriality for its advance into novelty. This is the classic notion of ›time‹, which philosophy took over from common sense. Mankind made an unfortunate generalization from its experience of enduring objects. Recently physical science has abandoned this notion. […] There is a becoming of continuity, but no continuity of becoming. The actual occasions are the creatures which become, and they constitute a continuously extensive world. In other words, extensiveness becomes, but ›becoming‹ is not itself extensive. Thus the ultimate metaphysical truth is atomism. The creatures are atomic. (PR 35)

Whiteheads Konzeption besagt damit, dass die Existenz einer *actual entity* durch ihr unteilbares, atomistisches Werden konstituiert wird, so dass wenn eine *actual entity* vollständig geworden ist, diese aufhört zu existieren – »[i]n the organic philosophy an actual entity has ›perished‹ when it is complete« (PR 81f.). Die Art und Weise, *wie* eine *actual entity* wird, bestimmt daher auch, *was* sie ist:

> […] how an actual entity becomes constitutes what that actual entity is; so that the two descriptions of an actual entity are not independent. Its ›being‹ is constituted by its ›becoming‹. This is the ›principle of process‹. (PR 23)

Ein Subjekt kann daher auch nicht als eine selbstidentische Einheit andauern, die lediglich qualitative Veränderungen erlebt ohne selbst etwas Anderes zu werden – »[i]t is fundamental to the metaphysical doctrine of the philosophy of organism, that the notion of an actual entity as the unchanging subject of change is completely abandoned« (PR 29). Weder wiederholt sich eine *actual occasion*, noch verändert sie sich; sie entsteht und vergeht, hört auf zu existieren und wird durch andere *actual occasions* ersetzt.[165] *Actual entities* sind damit vorübergehende Ereignisse, ephemere Wahrheiten und wesentlich historisch. Ist die Spaltung der Natur im Denken einmal theoretisch überschritten, kann auch Geschichtlichkeit nicht mehr als das Andere der Natur gelten.

Richtig besehen können *actual occasions* darum auch nicht als die kleinsten Elemente, aus denen die Welt zusammengesetzt ist, begriffen werden. Ich schließe mich daher Melanie Sehgals Einschätzung an, dass die in der Sekundärliteratur weit verbreitete quasiphysikalische Auffassung der *actual entities* als kleinste Teile, aus denen alles andere besteht, die spekulative Bedeutung des Begriffs übersieht. Für Sehgal ist pragmatistisch gewendet »die entscheidende Frage nicht, was *actual entities sind,* sondern was der Begriff zu denken erlaubt, *wohin er führt*« (Sehgal 2016: 375).[166] Neben seiner kritischen Dimension, die mit der Bifurkation der Natur einhergehenden Inkohärenzen zu verhindern, ermöglicht das Konzept der *actual entity* darüber hinaus Veränderung, die Entstehung von Neuem, aber auch die Möglichkeit des Versagens von Kontinuitäten zu theoretisieren, und d.h. Prozessualität adäquat zu begreifen; denn wie durch akzidentielle, rein äußerliche Veränderung etwas substantiell Neues auftreten kann, muss im Rahmen des klassischen Verständnisses von Substanzen als mit sich selbst identische und isolierte Individuen durchgehend unklar bleiben.

---

165 Whitehead vermeidet mit dieser Prozesskonzeption das auf der Denkgewohnheit eines gespaltenen Naturbegriffs basierende und damit auf Inkonsistenzen und Widersprüchen beruhende Substanz-Attribut-Schema: »*There is no halt in which the actuality is just its static self, accidently played upon by qualifications derived from the shift of circumstances.*« (AI 274f.) Als Prozesse sind *actual entities* »*nicht im Sinne der Morphologie eines Stoffs [›stuff‹] beschreibbar*« (PR 94*).

166 Vgl. hierzu auch Kap. 3 *Natur als ›meaningsless complex of facts‹*.

›Societies‹ oder von Menschen, Steinen und Elektronen

Als Werdeprozesse sind *actual entities* nicht unmittelbar beobachtbar und können daher auch nicht als Gegenstände der Erfahrung gelten. Das, was dagegen tatsächlich wahrgenommen wird, nennt Whitehead *societies*, ein mehr oder weniger komplexes Gefüge von Ereignissen, ein *nexūs* von *actual entities*, die im Rahmen eines komplexen Transformationsprozesses Muster und Eigenschaften vergangener Entitäten aufgreifen (›prehendieren‹) und so wiederholen, dass sich andauernde Strukturen, feste, materielle Gegenstände wie Menschen, Pflanzen, Steine, Elektronen etc. ergeben. Gemeinschaften zeichnen sich daher durch eine relativ hohe Stabilität aus, die eine durch Wiederholung erreichte *Errungenschaft* darstellt.[167] Damit ist das Konzept der Wiederholung grundlegend für die Organismusphilosophie. Wichtiger aber noch ist, dass Kontinuität nicht einfach als gegeben angesehen werden kann, sondern als Ergebnis eines Vereinheitlichungs- und Realisierungs*prozesses* begriffen werden muss. Die Wiederholung vorangegangener Strukturen impliziert daher ebenso die Möglichkeit des Scheiterns wie die Möglichkeit ganz anderer Verhaltensweisen und d.h. auch die Entstehung von Neuem. Auch die Naturgesetze bezeichnen für Whitehead daher lediglich die »weitverbreiteten Gewohnheiten der Natur« (MOT 184*) und sind keinesfalls notwendig: »Sie [die Naturgesetze] existieren als durchschnittliche, regulative Bedingungen, weil die Mehrheit der Aktualitäten miteinander zu eben den wechselseitigen Beziehungen neigt, die solche Gesetze exemplifizieren.« (MOT 185*)

Raumzeitlich ausgedehnt, und das heißt auch beobachtbar, sind also allein die mehr oder weniger komplexen Gesellschaften momentaner, gleichzeitiger Ereignisse. Ähnlich verhält es sich mit der Identität des Bewusstseins: Sie kann als »personal society« (AI 206) in der Kontinuität der Erfahrungsmomente entstehen, ist aber

---

[167] Bruno Latour rekurriert explizit auf Whiteheads *society*-Begriff für sein Verständnis von Technik als *»dauerhaft* gemachte *Gesellschaft«* (Latour 2008, Hervorh. I.A.). Vgl. zu Latours Technikbegriff wie seiner Übernahme Whitehead'scher Begriffe für sein eigenes theoretisches Projekt Kap. 2. *Für einen kritischen Posthumanismus*.

keinesfalls das ontologisch Primäre. Nicht die Vollzüge selbst werden daher erfahren, sondern von ihnen ausgehend wird erfahren: Beobachtbar ist nicht das Werden der *actual entities* selbst, sondern allein die realisierten Strukturen, die relationalen Gefüge, die durch solche Prozesse hervorgebracht wurden. Je komplexer die Gesellschaften der psycho-physischen Ereignisse darüber hinaus sind, desto höher der Grad an Mentalität der dominanten *actual entites*, und das heißt auch ihre Fähigkeit, reichhaltigere und intensivere Erfahrungen zu machen sowie auch ihr Vermögen zur Selbstbestimmung.[168] Und so führt, ist man bereit Whiteheads ›Abenteuer der Ideen‹ zu folgen, »[d]ie Analyse der Herkunft« , um ein Zitat von Foucault zu bemühen, am Ende »zur Auflösung von Ich und läßt an den Orten und Plätzen seiner Synthese tausend verlorene Ereignisse wimmeln« (Foucault 1974: 89).

Genetische Subjektivität oder actual entities als ›Subjekt-Superjekte‹

Soll die Welt aus Prozessen und nicht aus Substanzen bestehend beziehungsweise Haraway zufolge als »knot in motion« oder »active verb« (Haraway 2003: 6) begriffen werden, kann das Subjekt nicht als stabile und selbst-identische, gleichsam isolierte, unabhängige und selbstgenügsame Einheit vorausgesetzt werden, die im Laufe der seriell begriffenen Zeit weitere akzidentelle Qualifikationen erhält. Stattdessen müssen Subjekte atomistisch verfasst sein, daher nach ihrem Realisierungsprozess verschwinden und können damit ihren Empfindungen weder ontologisch vorausgehen noch diesen nachfolgen. In diesem Sinne müssen sie »*sowohl*

---

168 So sind die Empfindungen der *actual entites*, welche die psychischen Strukturen einer Maus konstituieren viel komplexer und anspruchsvoller als diejenigen, die irgendeine Zelle ihres Körpers konstituieren.

Prozeß als auch Ergebnis« (PR 168*, Hervorh. I.A.) beziehungsweise in Whiteheads Begriffen, sowohl »Subjekt« als auch »Superjekt« ihrer Erfahrungen sein:[169]

> An actual entity is at once the subject experiencing and the superject of its experiences. It is subject-superject, and neither half of this description can for a moment be lost sight of. The term ›subject‹ will be mostly employed when the actual entity is considered in respect to its own real internal constitution. But ›subject‹ is always to be construed as an abbreviation of ›subject-superject‹. (PR 29)

Begrifflich kann also zwischen der werdenden, anfänglichen Subjektivität, dem ›Subjekt‹, und der gewordenen, abschließenden Subjektivität, dem ›Superjekt‹, unterschieden werden, *tatsächlich* sind sie aber niemals getrennt. Whitehead unterscheidet sie lediglich um die aus einem Werden hervorgehende und mit diesem Werden verbundene Differenz zu bezeichnen.

Wenn das Subjekt Whitehead zufolge also nichts anderes als der Prozess und das Resultat seiner eigenen Bezugnahmen, sein relationaler *›process of becoming‹* ist – »[b]eings do not preexist their relatings« (Haraway 2003: 6) –, muss es als *mit und aus* seinem Erfahrungsprozess entstehend und nicht als diesem vorausgesetzt begriffen werden:

> [F]or the philosophy of organism, the subject emerges from the world – a ›superject‹ rather than a subject. The word ›object‹ thus means an entity which is a potentiality for being a component in feeling; and the word ›subject‹ means the entity constituted by the process of feeling, and including this process. The feeler is the unity emergent from its own feelings: and feelings are the details of the process intermediary between this unity and its many data. (PR 87f.)

Ein Subjekt erschafft sich selbst durch seinen Prozess des Erfassens; es prehendiert dabei andere Subjekte und fasst sie dadurch in einer neuen Einheit zusammen, die selbst das erfassende Subjekt *ist.*

---

169 Aus diesem Grund müssen sie auch ›self-realizing‹ beziehungsweise ›self-creating‹ sein: »*An actuality is self-realizing, and whatever is self-realizing is an actuality. An actual entity is at once the subject of self-realization, and the superject which is self-realized.*« (PR 222). Und darum hat ein *act of experience*, wie eben ausgeführt, auch eine ›subjektive Form‹ und ein ›subjektives Ziel‹.

Dieser entstehende *act of experience* muss als ein epochaler Realisierungsprozess begriffen werden; eine *actual entity* ist daher eine unteilbare Ganzheit und damit sowohl das empfindende Subjekt als auch das Resultat oder Superjekt seiner Erfahrungen. Als gewordenes Objekt wird es zum Potential für die ihm nachfolgenden Subjekt-Superjekte:

> This is the doctrine of the emergent unity of the superject. An actual entity is to be conceived both as a subject presiding over its own immediacy of becoming, and a superject which is the atomic creature exercising its function of objective immortality. It has become a ›being‹; and it belongs to the nature of every ›being‹ that it is a potential for every ›becoming‹. (PR 45)

Für Whitehead ist die Welt als stabile nicht die Wirklichkeit; einzig real sind die ineinandergreifenden und auseinander hervorgehenden prozessualen Subjekte, die in ihrer Verwirklichung zwar Strukturen voraussetzen, diese aber immer auch überschreiten. Wirklich ist nicht das Gewordene, sondern stets das im Werden Begriffene. Einzig konkret sind daher die sich im Prozess realisierenden Subjekte:

> [A]part from the experiences of subjects there is nothing, nothing, nothing, bare nothingness. (PR 167)

6. Konklusion

»I am vastly outnumbered by my tiny companions;
better put, I become an adult human being in
company with these tiny messmates.
To be one is always to become with many.«
Donna Haraway (2008: 3f.)

»Hüten Sie sich vor der Reinheit,
sie ist der Fusel der Seele.«
Bruno Latour (1984: 171)

Ziel des vorliegenden Buches war es, kritisch posthumanistische Theorien des Subjekts, darunter Rosi Braidottis nomadisch-feministische Konzeption von Subjektivität, und Alfred North Whiteheads Subjektbegriff miteinander zu verschränken und hierdurch Whitehead aus kritisch posthumanistischer Sicht und damit gegenwärtiger Fragehorizonte und Problemstellungen zu lesen. Dabei war es mein Anliegen aufzuzeigen, dass Whiteheads »Metaphysik der Subjektivität« (Wiehl 1986) beziehungsweise sein »Pansubjektivismus« (Wiehl 1990) oder auch »panexperimentalism« (Griffin 2007) kritisch posthumanistischen Auffassungen einer nicht-anthropozentrischen, pluralistischen, relational-prozessualen wie situierten – und damit auch nomadischen – Subjektivität sehr nahesteht beziehungsweise sich für ein solches als äußerst produktiv erweist. Dafür wurden zunächst unterschiedliche Einsätze eines kritischen Posthumanismus vorgebracht sowie versucht, dessen Verständnis von Subjektivität herauszuarbeiten (Kap. 2). Dabei, sowie in Auseinandersetzung mit Braidottis Projekt eines feministischen Nomadismus (Kap. 3), hat sich gezeigt, dass Subjektivität keine autonome, einheitliche, selbstidentische Substanz mit essentiellem Wesenskern ist, sondern als etwas dynamisch-prozessuales wie relational-situiertes begriffen werden muss und darüber hinaus – ganz im Sinne eines zentralen, wenn nicht *dem* zentralen Einsatzpunkt kritischer Posthumanismen: der radikalen Kritik des Anthropozentrismus – keinesfalls allein an den Menschen gebunden ist. Subjektivität (ebenso wie Identität) ist stets kontextgebunden, plural, Resultat und Teil von differenten, sich überlagernden Beziehungsgeflechten sowie historisch relativ und variabel. Und auch der Mensch selbst ist Haraway zufolge niemals nur menschlich gewesen: »›Human‹ requires an extraordinary congeries of partners. Humans, wherever you track them, are products of situated relationalities with organisms, tools, much else. We are quite a crowd [...].« (Haraway 2006: 146).[170] Im kritischen Posthumanismus erfährt daher ebenso der Handlungsbegriff eine grundlegende Erweiterung: »Menschen, andere Organismen, Artefakte und Technologien [sind] alle Akteur*innen.« (Haraway 2004: 315) Als wirkmächtige Entitäten oder Faktoren, die sich fortwährend assoziieren und aufeinander einwirken, transformieren und erzeugen sie permanent gemeinsam Realität. In diesem Sinne ist die Welt keine statische, ein für alle Mal abgeschlossene, einzige; vielmehr ist sie als ein »knot in motion« (Haraway), als permanent in Entstehung, Bewegung und Veränderung begriffen zu verstehen. Insofern liegt der kritisch posthumanistische Fokus auf den mannigfachen Verbindungen, welche die Entitäten miteinander eingehen und aus denen Wirkmächtigkeiten entspringen.[171] Jene Geflechte aus komplexen und verschachtelten wechselseitigen Bezügen führen dementsprechend auch zum Einsturz der Kategorien Natur/Kultur beziehungsweise Geist/Materie wie auch letztlich Subjekt und Objekt.

Die Realität besteht aus *nature-cultures*, aus temporären materiell-semiotischen Verschränkungen oder Zusammenschlüssen, die aus vielfältigen, sich überlagernden *intra-actions* hervorgehen. Und da Entitäten somit ihren Beziehungen beziehungsweise intra-

---

170 Darüber hinaus ist die Kategorie Mensch eine zutiefst instabile und veränderliche, politisch höchst umkämpfte Konstruktion, die fortwährend über »*acts of boundary-creation and boundary-policing*« produziert werden muss (Rhee 2013: 313) und daher mit zahlreichen Ausschlüssen verbunden ist.

171 Insofern wird die Kategorie der Relation in kritisch posthumanistischer Theoriebildung zur ontologisch wie epistemologisch primären. Und daher ist beziehungsweise muss auch auf methodischer Ebene »*die Beziehung [und nicht das Relatum, Anm. I.A.] die kleinst mögliche Einheit der Untersuchung*« (Haraway 2004: 315) sein.

actions nicht vorausgehen, sondern vielmehr durch diese erst entstehen, können sie auch nicht vor ihren Bezugnahmen existieren. Es gibt daher keine präkonstituierten Subjekte und Objekte, »single sources, unitary actors, or final ends« (Haraway 2003: 6). Gemäß eines solchen ›posthumanistischen, performativen Ansatzes‹ (Barad) verschiebt sich denn auch das Augenmerk von der repräsentationalistischen Frage nach der Übereinstimmung zwischen Vorstellungen und Wirklichkeit »auf Fragen nach Praktiken, Tätigkeiten und Handlungen« (Barad 2012a: 11f.). Kritisch posthumanistischer Theoriebildung geht es daher auch nicht um die Verkündung einer universell und über alle Zeiten hinweg geltenden, transzendenten Wahrheit; sie weist eine solche Möglichkeit wie einen solchen Anspruch im Gegenteil aufs schärfste zurück. Sie zielt vielmehr auf die Erarbeitung von Disziplingrenzen überschreitenden, situierten ›Onto-Epistemologien‹ (Barad), die es »in der Hoffnung auf lebbare Welten« vermögen, »normalisierte Kategorien zu durch/kreuzen« (Haraway 1994: 60). Viel wichtiger als die Wahrheit beziehungsweise Falschheit einer Idee ist demnach ihre Relevanz für einen spezifischen Kontext, ihre Fähigkeit »consequential meanings« (Haraway 1997: 273) beziehungsweise »important knowledge« (PR 3) zu erzeugen.

Gemäß einer ›diffraktiven Lektüre‹ sollte in diese Kerbe schlagend gezeigt werden, dass es auch Alfred North Whitehead im Rahmen seiner Verschränkung von historischer und systematischer Analyse darum ging, ›normalisierte Kategorien‹ – wie die der Natur oder des Subjekts – radikal zu rekonstruieren und damit zu ›durch/kreuzen‹. Dementsprechend wurde in einem weiteren Schritt Whiteheads historisch-systematische Diagnose der »Bifurkation der Natur« dargestellt (Kap. 3), insofern ihm zufolge das moderne Subjektverständnis auf den impliziten Voraussetzungen eines verzweigten Naturbegriffs basiert. Ebenso wie kritisch posthumanistische Theorieansätze eine kritisch-dekonstruktivistische wie historisch-materialistische Durcharbeitung des Humanismus zu leisten versuchen, strebte auch Whitehead entsprechend seines historisch-systematischen Lektüreverfahrens danach, die impliziten Voraussetzungen der modernen Philosophie aufzudecken, um sich derart zwar in die philosophische Tradition der Moderne einzuschreiben, nicht aber ohne diese – wie kritischer Posthumanismus den Humanismus – von Grund auf umzuschreiben. So wurde im Rahmen seiner These der Bifurkation der Natur, deren folgenschwerste Konsequenz die Trennung von Natur und Kultur beziehungsweise Geist und Materie war, nicht nur deutlich, dass das moderne Subjektverständnis auf theoretischen Inkonsistenzen und Widersprüchen, auf unzulässigen Abstraktionen basiert; es wurde darüber hinaus als zutiefst anthropozentrische, »unmarkierte Kategorie« (Haraway 1995: 80), als Ausdruck eines selbstverständlich angenommenen, aber theoretisch wie praktisch kaum begründbaren ›human exceptionalism‹ fassbar – eine Diagnose, die auch kritisch posthumanistische Ansätze teilen. Das tiefgreifende Resultat dieser mehr oder weniger impliziten Annahme war, dass der menschliche Geist in der Moderne eine absolute Ausnahmestellung erhielt und Subjektivität als ausschließlich im Bereich des Menschlichen angesiedelt konzeptualisiert und der Mensch als der ›materiellen Natur‹ gleichsam gegenüberstehend begriffen wurde. Mit der Exklusion von Subjektivität aus der Natur vollzog sich ihre radikale Abwertung und so liefert Whiteheads Bifurkationsthese ebenso eine plausible Erklärung für die ökologische Krise, wie wir sie heute kennen. Whiteheads Überlegungen und kritisch posthumanistische Ansätze verschränkend, lässt sich sagen, dass Whitehead in seiner Ablehnung des modernen Subjektbegriffs Aspekte hervorhebt, die ausgesprochen kritisch posthumanistisch anmuten beziehungsweise der kritisch posthumanistischen Zurückweisung einer humanistisch konzeptualisierten Subjektivität sehr nahekommen: Er kritisiert die implizite Ineinssetzung von Subjektivität und Bewusstsein und bestimmt damit nicht zuletzt den Handlungsbegriff neu; er betont die Notwendigkeit der Konzeption einer Subjekttheorie, welche das Subjekt nicht als stabilen Ausgangspunkt (voraus)setzt, sondern vielmehr als prozessuales Resultat differenter, sich überlagernder Subjektivierungsprozesse begreift; er fordert eine Konzeption von Subjektivität, die im Hinblick auf das Verhältnis Subjekt/Natur letztere nicht als das Andere setzt und Subjektivität daher auch nicht allein an den Menschen bindet.

Im Anschluss an die Darstellung der Bifurkationsthese wurde die Whitehead'sche Rekonstruktion des Erfahrungs- wie Subjektbegriffs präsentiert (Kap. 4). Um die Verzweigung im Naturbegriff zu vermeiden, ist es Whitehead zufolge notwendig, die Gegensätze Natur/Subjektivität beziehungsweise Natur/Erfahrung aufzuheben: Anstatt das Subjekt aus der Natur auszuschließen, muss Subjektivität für Whitehead Grundmerkmal der gesamten Wirklichkeit sein und ist daher auch kein »Privileg höher entwickelter Entitäten, geschweige denn eine ontologische Auszeichnung des Menschen« (Wiehl 2007: 30).[172] Dahingehend erwies sich auch der Unterschied zwischen Mentalität und Materialität lediglich als einer des Grades, entpuppten sich die Ränder als unscharf. Das Resultat der Whitehead'schen »critique of pure feeling« (PR 113), die »der ganzen wirklichen Welt ›Empfinden‹ [›feeling‹, Anm. I.A.] zu[spricht]«, ist ein radikal nicht-anthropozentrischer, relational-prozessualer wie pluralistischer Subjektbegriff, eine Metaphysik unzähliger, kreativer Subjekte, genauer: Subjekt-Superjekte, ein Universum bestehend aus komplexen, ineinandergreifenden *drops of experience*: »We find ourselves in a buzzing world, amid a democracy of fellow creatures.« (PR 50)

172 In diesem Sinne verliert das menschliche Subjekt ebenso seine übergeordnete Position als Dreh- und Angelpunkt der Analyse.

Danksagung

Wie jedes Buch ist auch der vorliegende Band Produkt der Anstrengungen vieler. In diesem Sinne möchte ich mich bei Arno Böhler bedanken, durch dessen kritische Nachfragen und fachkundigen Kommentare ich meine Argumentation weiter ausbauen und schärfen konnte. Tausend Dank an meine Gefährt*innen Alex, Alp, Anna, Arya, Chrissi, Christian, Christoph, Josef, Etienne, Felix, Hanna, Janu, Leni, Mima, Natascha, Stefan und Vroni, die mir immer und kurz entschlossen zur Seite standen und mich bedingungslos unterstützten. Vielen Dank an Josef Barla, Christian Groß und Christoph Hubatschke für die freundschaftliche Lektüre und ausführliche Kommentierung unzähliger Entwürfe und Versionen der vorliegenden Arbeit. Danke an meine Schwester Lucia, die mir, wenn es sein musste, ohne zu zögern den Rücken freigehalten hat. Abermals vielen Dank an Christoph, der mich in meinen exzessiven Arbeitsphasen mit dem Nötigsten und mit noch viel mehr versorgt hat. Mein größter Dank gilt meinen Eltern, meiner Mutter, Gisela Schlehaider, und meinem viel zu früh verstorbenen Vater, Wolfang Beiler-Schlehaider.

Bibliographie

Werke A.N. Whiteheads

Whitehead, Alfred North (1920): *The Concept of Nature*, Cambridge: Cambridge University Press.

dt. (1990): *Der Begriff der Natur*, Weinheim: VCH.

- (1948 [1925]): *Science and the Modern World*, New York: The New American Library.

dt. (1988): *Wissenschaft und moderne Welt*, Frankfurt/M: Suhrkamp.

- (1958 [1927]): *Symbolism. Its Meaning and Effect*, Cambridge: Cambridge University Press.

dt. (2000): *Kulturelle Symbolisierung*, Frankfurt/M: Suhrkamp.

- (1978 [1929]): *Process and Reality. An Essay in Cosmology*, New York: The Free Press.

dt. (1987): *Prozeß und Realität. Entwurf einer Kosmologie*, Frankfurt/M: Suhrkamp.

- (1971 [1929]): *The Function of Reason*, Boston: Beacon Press.

dt. (1974): *Die Funktion der Vernunft*, Stuttgart: Reclam.

- (1967 [1933]): *Adventures of Ideas*, New York: The Free Press.

dt. (2000): *Abenteuer der Ideen*, Frankfurt/M: Suhrkamp.

- (1968 [1938]): *Modes of Thought*, New York: The Free Press.

dt. (2001): *Denkweisen*, Frankfurt/M: Suhrkamp.

- (1974 [1947]): *Essays in Science and Philosophy*, New York: Philosophical Library.

Siglen

Die im Buch mit einem nachgestellten Stern (*) versehenen Seitenzahlen beziehen sich jeweils auf die deutschen Ausgaben.

PR	-	*Process and Reality*
CN	-	*Concept of Nature*
SMW	-	*Science and the Modern World*
MT	-	*Modes of Thought*
AI	-	*Adventures of Ideas*

SYM	–	*Symbolism*
SP	–	*Science and Philosophy*
FR	–	*The Function of Reason*

Werke/Essays Rosi Braidottis

Braidotti, Rosi (1994): »Toward a New Nomadism: Feminist Deleuzian Tracks; or, Metaphysics and Metabolism«, In: Boundas, Constantin V. / Olkowski, Dorothea (Hrsg.): *Gilles Deleuze and the Theater of Philosophy*, London/New York: Routledge, S. 159–187.

– (2006): *Transpositions: On Nomadic Ethics*, Cambridge/Malden: Polity Press.

– (2008): »Of Poststructuaralist Ethics and Nomadic Subjects«, In: Düwell, Marcus / Rehmann-Sutter, Christoph / Mieth, Dietmar (Hrsg.): *The Contingent Nature of Life: Bioethics and the Limits of Human Existence*, Berlin: Springer, S. 25–37.

– (2009): »Zur Transposition des Lebens im Zeitalter des genetischen Biokapitalismus«, In: Weiß, Martin G. (Hrsg.): *Die menschliche Natur im Zeitalter ihrer technischen Reproduzierbarkeit*, Frankfurt/M: Suhrkamp, S. 108–136.

– (2011 [1994]): *Nomadic Subjects: Embodiment and Sexual Difference in Contemporary Feminist Theory*, New York: Columbia University Press.

– (2011): *Nomadic Theory: The Portable Rosi Braidotti*, New York: Columbia University Press.

– (2012): »Nomadic Ethics«, In: Smith, Daniel W. / Somers-Hall Henry (Hrsg.): *The Cambridge Companion to Deleuze*, Cambridge: Cambridge University Press, S. 170–198.

– (2013a): *The Posthuman*, Cambridge/Malden: Polity Press.

– (2013b): »Nomadic Ethics«, In: *Deleuze Studies*, Volume 7, Issue 3, Edinburgh: Edinburgh University Press, S. 342–359.

– (2013c): »Posthuman relational subjectivity and the politics of affirmation«, In Rawes, Peg (Hrsg.): *Relational Architectural Ecologies: Architecture, Nature and Subjectivity*, New York: Routledge, S. 21–40.

– (2018): *Politik der Affirmation*, Berlin: Merve.

Siglen

Die nachstehenden Siglen finden ausschließlich in Kapitel 3 Verwendung.

NS	-	*Nomadic Subjects*
NT	-	*Nomadic Theory*
TR	-	*Transpositions*
PA	-	*Politik der Affirmation*

Weitere Literatur

Alderson, David / Spencer, Robert (2017) (Hrsg.): *For Humanism: Explorations in Theory and Politics*, London: Pluto Press.

Althusser, Louis (1977 [1970]): »Ideologie und ideologische Staatsapparate. Anmerkungen für eine Untersuchung«, In: Ders. (Hrsg.): *Ideologie und ideologische Staatsapparate. Aufsätze zur marxistischen Theorie*, Hamburg/Berlin: VSA, S. 108–153.

Aristoteles: *Kategorien*, übersetzt von Eugen Rolfes (1974), Hamburg: Meiner.

Badmington, Neil (2011): »Posthumanism«, In: Clarke, Bruce / Rossini, Manuela (Hrsg.): *The Routledge Companion to Literature and Science*, London/New York: Routledge, S. 374–384.

Barad, Karen (2007): *Meeting the Universe Halfway: Quantum Physics and the Entanglement of Matter and Meaning*, Durham: Duke University Press.

- (2003): »Posthumanist Performativity: Toward an Understanding of how Matter comes to matter«, In: *Signs: Journal of Women in Culture and Society*, 28 (3), S. 801–831.

- (2012a [2003]): *Agentieller Realismus*, Frankfurt/M: Suhrkamp.

- (2012b): »Nature's Queer Performativity«, In: *Kvinder, Køn & Forskning / Women, Gender & Research, Copenhagen*, No. 1-2: Feminist Materialism, S. 25–53.

Barla, Josef / Steinschaden, Fabian (2012): »Kapitalistische Quasi-Objekte. Zu einer Latour'schen Lesart Marx‹ Ausführungen zur Maschine«, In: Dunshirn, Alfred / Nemeth, Elisabeth / Unterthurner, Gerhard (Hrsg.): *crossing borders. Grenzen (über)denken. Thinking (across) Boundaries*, Wien: Österreichische Gesellschaft für Philosophie (oegp), S. 361–370.

Barla, Josef (2015): »›Ihr wortlos Lied, vielstimmig, scheinbar eins‹. Die Frage nach dem Politischen in Bruno Latours Technikphilosophie«, In: Singer, Mona (Hrsg.): *Technik & Politik: Technikphilosophie von Benjamin und Deleuze bis Latour und Haraway*, Wien: Löcker, S. 88–116.

Bhaskar, Roy (2008): *A Realist Theory of Science*, London/New York: Verso.

Becker-Schmidt, Regina (1998): »Zum feministischen Umgang mit Dichotomien«, In: Knapp, Gudrun-Axeli (Hrsg.): *Kurskorrekturen: Feminismus zwischen Kritischer Theorie und Postmoderne*, Frankfurt/M/New York: Campus, S. 84–125.

Bergson, Henri (2001 [1896]): *Materie und Gedächtnis. Eine Abhandlung über die Beziehung zwischen Körper und Geist*, Hamburg: Meiner.

– (2007 [1934]): *The Creative Mind: An Introduction to Metaphysics*, New York: Philosophical Library.

Bostrom, Nick (2005): »A history of transhumanist thought«, In: *Journal of Evolution and Technology*, Vol. 14 (1), S. 1–25.

Davies, Tony (1997): *Humanism*, London/New York: Routledge.

Demos, T.J. (2017): *Against the Anthropocene. Visual Culture and Environment Today*, Berlin: Sternberg Press.

Diederichsen, Diedrich (2012): »Der Imperativ des Authentischen – ›Erfinde Dich halt- und bodenlos neu und verkörpere das so, als wäre das immer schon Deine Natur gewesen!‹« [Vortrag anlässlich der Autorentheatertage und des Symposiums zum Thema »Authentizitätsterror« im Deutschen Theater, 10.07.2012], In: *polar – Politik | Theorie | Alltag*, #13: Aufstand, online verfügbar unter http://www.polar-zeitschrift.de/position_kommentare.php?id=630 (zuletzt abgerufen am 14.05.2020).

Deleuze, Gilles (1988 [1981]): *Spinoza – Praktische Philosophie*, Berlin: Merve.

– (1993 [1976]): *Proust und die Zeichen*, Berlin: Merve.

– (1993 [1990]): *Unterhandlungen 1972–1990*, Frankfurt/M: Suhrkamp.

– (1997 [1968]): *Differenz und Wiederholung*, München: Fink.

– (2003 [2002]): »Nomaden-Denken« [1973], In: *Die einsame Insel. Texte und Gespräche 1953–1974*, S. 366–381, Frankfurt/M: Suhrkamp.

Deleuze, Gilles / Guattari, Félix (1992 [1980]): *Tausend Plateaus: Kapitalismus und Schizophrenie II*, Berlin: Merve.

– (2000 [1991]): *Was ist Philosophie?* Frankfurt/Main: Suhrkamp.

Descartes, René (1914 [1644]): *Die Prinzipien der Philosophie*, übersetzt von Artur Buchenau, Hamburg: Meiner.

Dolphijn, Rick / van der Tuin, Iris (Hrsg.) (2012): *New Materialism: Interviews and Cartographies*, Ann Arbor: MPublishing/Open Humanities Press, online verfügbar unter www.openhumanitiespress.org.

Fetz, Reto Luzius (1981): *Whitehead: Prozessdenken und Substanzmetaphysik*, Freiburg/München: Alber.

Foucault, Michel (1967 [1966]): »Absage an Sartre. Interview von Madeleine Chapsal«, In: Brenner, Hildegard (Hrsg.): *alternative. Zeitschrift für Literatur und Diskussion*, Heft 54, 10. Jahrgang, Berlin: Alternative Verlag, S. 91–95.

– (1971 [1966]): *Die Ordnung der Dinge: Eine Archäologie der Humanwissenschaften*, Frankfurt/M: Suhrkamp.

– (1974): *Von der Subversion des Wissens*, München: Fischer.

Fuss, Diana (1996): »Introduction«, In: Fuss, Diana (Hrsg.): *Human, All too Human*, London/New York: Routledge, S. 1–9.

Giraud, Eva / Grove, Samuel (2013): »Posthuman Politics under Biocapitalism« (Interview with Samuel Grove), In: *New Left Project*, Stand: 25.04.2013, http://www.newleftproject.org/index.php/site/print_article/posthuman_politics_under_biocapitalism (Website nicht mehr erreichbar, letzter Abrufversuch am 14.05.2020).

Griffin, David Ray (2007): *Whitehead's radically different postmodern philosophy: an argument for its contemporary relevance*, Albany: State University of Ney York Press.

Habermas, Jürgen (2001): *Die Zukunft der menschlichen Natur. Auf dem Weg zu einer liberalen Eugenik?*, Frankfurt/M: Suhrkamp.

Halewood, Michael (2011): *A. N. Whitehead and Social Theory. Tracing a Culture of Thought*, London/New York: Anthem Press.

Hall, Stuart (1994): *Rassismus und kulturelle Identität*, Ausgewählte Schriften 2, Hamburg/Berlin: Argument.

Hampe, Michael (1990): *Die Wahrnehmungen der Organismen*, Göttingen: Vandenhoeck & Ruprecht.

– (1998): *Alfred North Whitehead*, München: Beck.

Haraway, Donna J. (1976): *Crystals, Fabrics, and Fields: Metaphors of Organicism in Twentieth-Century Developmental Biology*, New Haven: Yale University Press.

– (1994): »A Game of Cat's Cradle: Science Studies, Feminist Theory, Cultural Studies«, In: Biagnioli, Mario / Reid, Roddey (Hrsg.): *Configurations, Special Issue: Located Knowledges: Intersections*, Vol. 2, Nr. 1, S. 59–71.

– (1995): *Die Neuerfindung der Natur: Primaten, Cyborgs und Frauen*, Frankfurt/M: Campus.

– (1997): *Modest_Witness@Second_Millenium.FemaleMan©_Meets_OncoMouse™: Feminism and Technoscience*, London/New York: Routledge.

– (2000): *How Like A Leaf*, London/New York: Routledge.

– (2003): *The Companion Species Manifesto: Dogs, People, and Significant Otherness*, Chicago: Prickly Paradigm Press.

– (2004): *The Haraway Reader*, London/New York: Routledge.

– (2006): »When we have never been human, what is to be done? Interview with Donna Haraway« (with Nicholas Gane), In: *Theory, Culture and Society*, 23 (7–8), S. 135–158.

– (2008): *When Species Meet*. Minneapolis/London: University of Minnesota Press.

– (2016): *Staying with the Trouble: Making Kin in the Chthulucene*, Durham/London: Duke University Press.

Herbrechter, Stefan (2009): *Posthumanismus. Eine kritische Einführung*, Darmstadt: WBG.

Holzhey, Helmut (1990): »Das Postulat eines neuen Naturbegriffs: Zur Kritik an der aristotelischen Naturphilosophie bei Leibniz und Whitehead«, In: Holzhey, Helmut / Rust, Alois / Wiehl, Reiner (Hrsg.): *Natur, Subjektivität, Gott: Zur Prozessphilosophie Alfred N. Whiteheads*, Frankfurt/M: Suhrkamp, S. 18–41.

James, William (2003 [1912]): *Essays in Radical Empiricism*, Cambridge/London: Harvard University Press.

Jameson, Fredric (1995 [1981]): *Das politische Unbewusste. Literatur als Symbol sozialen Handelns*, Leipzig: Rowohlt.

Kann, Christoph (2010): »Renewing Speculation: The Systematic Aim of Whitehead's Philosophic Cosmology«, In: Faber, Roland / Henning, Brian G. / Combs, Clinton (Hrsg.): *Beyond Metaphysics? Explorations in Alfred North Whitehead's Late Thought*, Amsterdam/New York: Rodopi, S. 27–45.

Lachmann, Rolf (2000): »Einleitung«, In: Whitehead, Alfred North: *Kulturelle Symbolisierung*, Frankfurt/M: Suhrkamp, S. 7–55.

Latour, Bruno (1984): *Les microbes: guerre et paix suivi de irréductions*, Paris: LaDécouverte.

– (1999a): *Pandora's Hope: Essays on the Reality of Science Studies*, Cambridge/London: Harvard University Press.

– (1999b): »On recalling ANT«, In: Law, John / Hassard, John (Hrsg.): *Actor Network Theory and After*, Oxford: Blackwell, S. 15–25.

– (2004 [1999]): *Politics of Nature: How to Bring the Sciences into Democracy*, Cambridge/London: Harvard University Press.

dt. (2012): *Das Parlament der Dinge: Für eine politische Ökologie*, Frankfurt/M: Suhrkamp.

– (2005): *Reassembling the Social: An Introduction to Actor-Network-Theory*, New York: Oxford University Press.

- (2007 [2004]): *Elend der Kritik*, Zürich/Berlin: Diaphanes.

- (2008 [1991]): *Wir sind nie modern gewesen. Versuch einer symmetrischen Anthropologie*, Frankfurt/M: Suhrkamp.

- (2011 [2005]): »What Is Given in Experience?«, In: Stengers, Isabelle: *Thinking with Whitehead: A Free and Wild Creation of Concepts*, Cambridge/London: Harvard University Press, S. 9–15.

Lotter, Maria-Sibylla (1996): *Die metaphysische Kritik des Subjekts: Eine Untersuchung von Whiteheads universalisierter Sozialontologie*, Hildesheim/Zürich/New York: Georg Olms.

Lowe, Victor (1990): *Alfred North Whitehead: the man and his work, Vol. II (1910-1947)*, Baltimore: John Hopkins University Press.

Lyotard, Jean-François (2012 [1979]): *Das postmoderne Wissen*, Wien: Passagen.

Malkmus, Bernhard F. / Sullivan, Heather I. (Hrsg.) (2016): »The Challenge of Ecology to the Humanities: Posthumanism or Humanism?«, *New German Critique*, Special Issue, Vol. 43, No. 2 (128).

Moore, Jason W. (2016): »Introduction«, In: Moore, Jason W. (Hrsg.): *Anthropocene or Capitalocene? Nature, History, and the Crisis of Capitalism*, Oakland: PM Press, S. 1–14.

Müller, Thomas (2009): *Gott–Welt–Kreativität: Eine Analyse der Philosophie A.N. Whiteheads*, Paderborn/München/Wien/Zürich: Schöningh.

Nietzsche, Friedrich (2015 [1873]): *Über Wahrheit und Lüge im außermoralischen Sinne*, Stuttgart: Reclam.

Poser, Hans (1986): »Whiteheads Kosmologie als revidierbare Metaphysik«, In: Rapp, Friedrich / Wiehl, Reiner (Hrsg.): *Whiteheads Metaphysik der Kreativität. Internationales Whitehead-Symposium Bad Homburg 1983*, Freiburg/München: Alber, S. 105–127.

Raunig, Gerald (2015): *DIVIDUUM. Maschinischer Kapitalismus und molekulare Revolution, Band 1*, Wien: transversal.

Rhee, Jennifer (2013): »Beyond the Uncanny Valley: Masahiro Mori and Philip K. Dick's *Do Androids Dream of Electric Sheep?*«, In: *Configurations*, Volume 21, Number 3, S. 301–329.

Rohmer, Stascha (2000): *Whiteheads Synthese von Kreativität und Rationalität*, Freiburg/Munchen: Alber.

Rölli, Marc (2010): »Die nicht-anthropologische Philosophie des radikalen Pragmatismus«, In: *Sic et Non. zeitschrift für philosophie und kultur. im netz*, 12, S. 1–12.

Rust, Alois (1987): *Die organismische Kosmologie von Alfred N. Whitehead: Zur Revision des Selbstverständnisses neuzeitlicher Philosophie und Wissenschaft durch eine neue Philosophie der Natur*, Frankfurt/M: Athenäum.

Sehgal, Melanie (2012): »Speculative and/as Critical Thinking«, Position Paper for *Terra Critica: Re-visioning the Critical Task of the Humanities in a Globalized World*, Utrecht University.

– (2014a): »A Situated Metaphysics: Things, History, and Pragmatic Speculation in A. N. Whitehead«, In: Faber, Roland / Goffey, Andrew (Hrsg.): *The Allure of Things: Process and Object in Contemporary Philosophy*, London/New Delhi/New York/Sydney: Bloomsbury, S. 162–188.

– (2014b): »Diffractive Propositions: Reading Alfred North Whitehead with Donna Haraway and Karen Barad«, In: *Parallax*, Special Issue: Diffracted Worlds – Diffractive Readings: Onto-Epistemologies and the Critical Humanities, 20.3, S. 188–201.

– (2016): *Eine situierte Metaphysik. Empirismus und Spekulation bei William James und Alfred North Whitehead*, Konstanz: Konstanz University Press.

Shaviro, Stephen (2009): *Without Criteria: Kant, Whitehead, Deleuze and Aesthetics*, Cambridge/London: MIT Press.

Soper, Kate (1986): *Humanism and Anti-Humanism*, London: Hutchinson.

Sölch, Dennis (2010): »Beyond Metaphysics? – A Historiographical Approach to Whitehead's Speculative Philosophy«, In: Faber, Roland / Henning, Brian G. / Combs, Clinton (Hrsg.): *Beyond Metaphysics? Explorations in Alfred North Whitehead's Late Thought*, Amsterdam/New York: Rodopi, S. 45–61.

– (2014): *Prozessphilosophien: Wirklichkeitskonzeptionen bei Alfred North Whitehead, Henri Bergson und William James*, Freiburg/München: Alber.

Stengers, Isabelle (2011 [2002]): *Thinking with Whitehead. A Free and Wild Creation of Concepts*, Cambridge/London: Harvard University Press.

Suchman, Lucy A. (2007 [2006]): *Human-Machine Reconfigurations: Plans and Situated Actions, 2nd Edition*, Cambridge: Cambridge University Press.

Weber, Jutta (2003a): *Umkämpfte Bedeutungen. Naturkonzepte im Zeitalter der Technoscience*, Frankfurt/M: Campus.

– (2003b): »Vom Nutzen und Nachteil posthumanistischer Naturkonzepte«, In: Böhme, Gernot / Manzei, Alexandra (Hrsg.): *Kritische Theorie der Technik und der Natur*, München: Wilhelm Fink Verlag, S. 221–245.

Wiehl, Reiner (1986): »Whiteheads Kosmologie der Gefühle zwischen Ontologie und Anthropologie«, In: Rapp, Friedrich / Wiehl, Reiner (Hrsg.): *Whiteheads Metaphysik der Kreativität. Internationales Whitehead-Symposium Bad Homburg 1983*, Freiburg/München: Alber, S. 141–169.

- (1990): »Whiteheads Kant-Kritik und Kants Kritik am Panpsychismus«, In: Holzhey, Helmut / Rust, Alois / Wiehl, Reiner (Hrsg.): *Natur, Subjektivität, Gott: Zur Prozessphilosophie Alfred N. Whiteheads*, Frankfurt/M: Suhrkamp, S. 198–240.

- (2000 [1971]): »Einleitung in die Philosophie A. N. Whiteheads«, In: Whitehead, Alfred North: *Abenteuer der Ideen*, Frankfurt/M: Suhrkamp, S. 7–73.

- (2007): »Subjektivität und Bewusstsein in A. N. Whiteheads spekulativer Prozessphilosophie«, In: Koutroufinis, Spyridon A. (Hrsg.): *Prozesse des Lebendigen: Zur Aktualität der Naturphilosophie A. N. Whiteheads*, München: Alber, S. 25–43.

Wolfe, Cary (2010): *What is Posthumanism?*, Minneapolis / London: University of Minnesota Press.

Žižek, Slavoj (1999): *The Ticklish Subject: The Absent Centre of Political Ontology*, London / New York: Verso.

- (2006): *The Parallax View*, Cambridge: MIT Press.

Zusätzlich verwendete Literatur

Alaimo, Stacy / Hekman, Susan (2008): »Introduction: Emerging Models of Materiality in Feminist Theory«, In: Alaimo, Stacy / Hekman, Susan (Hrsg.): *Material Feminisms*, Bloomington: Indiana University Press, S. 1–19.

Becker-Schmidt, Regina (1997): »Provokation ohne Vermittlung. Anmerkungen zu Donna Haraways Kritik an bipolaren Dichotomien«, In: *Soziologische Revue*, Jg. 20, S. 12–19.

Böhme, Gernot / Manzei, Alexandra (Hrsg.) (2003): *Kritische Theorie der Technik und der Natur*, München: Fink.

Braidotti, Rosi (2006): »Posthuman, All Too Human: Towards A New Process Ontology«, In: *Theory, Culture and Society*, 23 (7–8), S. 197–208.

Butler, Judith (2014): »Reflections on Ethics, Destructiveness, and Life: Rosi Braidotti and the Posthuman«, In: Blaagaard, Bolette / van der Tuin, Iris (Hrsg.): *The Subject of Rosi Braidotti: Politics and Concepts*, London/New Dheli/New York/Sydney: Bloomsbury, S. 21–29.

Descola, Philippe (2013 [2005]): *Jenseits von Natur und Kultur*, Frankfurt/M: Suhrkamp.

Deuber-Mankowsky, Astrid (2011): »Diffraktion statt Reflexion. Zu Donna Haraways Konzept des situierten Wissens«, In: *Zeitschrift für Medienwissenschaft*, 1/2011, S. 83–91.

Dolphijn, Rick / van der Tuin, Iris (2010): »The Transversality of New Materialism«, In: *Women: A Cultural Review*, 21.2, S. 153–171.

– (2011): »Pushing Dualism to an Extreme: On the Philosophical Impetus of a New Materialism«, In: *Continental Philosophy Review*, 44.4, S. 383–400.

Faber, Roland / Halewood, Michael / Lin, Dina (Hrsg.) (2012): *Butler on Whitehead: On the Occasion*, New York: Lexington Books.

Gill, Gerhard (2008): »Über Whitehead und Mead zur Aktor-Netzwerk-Theorie: Die Überwindung des Dualismus von Geist und Materie – und der Preis, der dafür zu zahlen ist«, In: Kneer, Georg / Schroer, Markus / Schüttpelz, Erhard (Hrsg.): *Bruno Latours Kollektive. Kontroversen zur Entgrenzung des Sozialen*, Frankfurt/M: Suhrkamp, S. 47–75.

Gransee, Carmen (1999): *Grenz-Bestimmungen. Zum Problem identitätslogischer Konstruktionen von »Natur« und »Geschlecht«*, Tübingen: edition diskord.

– (2002): »›Neuerfindungen der Natur‹ – Chancen und Grenzen transformierender Konzepte«, In: Kuhlmann, Ellen / Kollek, Regine (Hrsg.): *Konfigurationen des Menschen. Biowissenschaften als Arena der Geschlechterpolitik*, Opladen/Leske + Budrich, S. 137–154.

Grebowicz, Margret / Merrick, Helen (2013): *Beyond the Cyborg. Adventures with Donna Haraway*, New York: Columbia University Press.

Haraway, Donna (2005): »Conversations with Donna Haraway«, In: Schneider, Joseph: *donna haraway: live theory*, London/New York: Continuum, S.114–156.

Holl, Günter (1975): *Subjekt und Rationalität. Eine Studie zu A. N. Whitehead und Th. W. Adorno*, Frankfurt/Main: Dissertation an der J. W. Goethe Universität.

Kann, Christoph (2001): *Fußnoten zu Platon: Philosophiegeschichte bei A. N. Whitehead*, Hamburg: Meiner.

Prigogine, Ilya / Stengers, Isabelle (1990 [1979]): *Dialog mit der Natur. Neue Wege naturwissenschaftlichen Denkens*, München: Piper.

Soper, Kate (1995): *What is Nature? Culture, Politics and the non-Human*, Oxford/Malden: Blackwell.

Stengers, Isabelle (2014 [2008]): »A Constructive Reading of *Process and Reality*«, In: Gaskill, Nicholas / Nocek, A. J. (Hrsg.): *The Lure of Whitehead*, Minneapolis/London: University of Minnesota Press, S. 43–65.

Viveiros de Castro, Eduardo (1997): *Die kosmologischen Pronomina und der indianische Perspektivismus*, In: Schweizerische Amerikanisten-Gesellschaft, Bulletin 61, S. 99-114.

- (2012 [2004]): »Perspektiventausch: Die Verwandlung von Objekten zu Subjekten in indianischen Kosmologien«, In: Albers, Irene / Franke, Anselm (Hrsg.): *Animismus. Revisionen der Moderne*, Zürich: diaphanes, S. 73–93.

Weber, Jutta (1998): »Feminismus & Konstruktivismus. Zur Netzwerktheorie bei Donna Haraway«, In: *Das Argument. Zeitschrift für Philosophie und Sozialwissenschaften*, 227/5, S. 699–712.

ibidem.eu